BIOGRAFÍAS

DE

HIJOS ILUSTRES

DE LA

PROVINCIA DE GUADALAJARA,

POR

Juan Diges Antón y Manuel Sagredo y Martín.

OBRA PREMIADA EN EL CERTAMEN

PROMOVIDO POR EL

ATENEO CARACENSE Y CENTRO VOLAPUKISTA ESPAÑOL,

CON UN PRÓLOGO

DEL

Excmo. Sr. D. Miguel Mayoral y Medina.

GUADALAJARA,

TIPOGRAFÍA Y ENCUADERNACIÓN PROVINCIAL.

1889.

Á LA EXCMA.

DIPUTACIÓN PROVINCIAL DE GUADALAJARA.

De la magnanimidad que de abolengo caracteriza á V. E., es una prueba la publicación de las presentes páginas; y la protección que las ha dispensado, motivo de nuestro agradecimiento. Por eso, aunque reconocemos que no tienen más mérito que el de la paciencia laboriosa y activa con que se recogieron los datos que sirvieron para confeccionarlas, á V. E. las dedicamos. Dígnese aceptarlas como modesta ofrenda de los que suscriben, hijos de la capital de esta provincia de que V. E. es dignísimo representante.

Juan Diges Antón.   Manuel Sagredo y Martín.

PRÓLOGO.

Sin la historia los viejos son
niños y con ella los niños son
viejos.—(CICERÓN.)

No á impulsos de la voluntad, sino obedeciendo á excitaciones de cariñosos amigos y afectuosos paisanos, me veo en el compromiso de escribir un Prólogo; tarea superior á mis fuerzas, empeño siempre difícil, sacrificio inmenso para el que jamás ha escrito para el público ni reune aptitud ni criterio para formar juicio de una producción literaria, siquiera sea modesta como las BIOGRAFÍAS DE HIJOS ILUSTRES DE LA PROVINCIA DE GUADALAJARA, premiada en el certamen del Ateneo Caracense y Centro Volapükista Español, y escrita por los Sres. don Juan Diges y D. Manuel Sagredo; pero *como nobleza obliga*, escribiremos unos cuantos párrafos que sirvan de introducción á aquéllas.

Constituyendo la biografía la historia de la vida de una persona, es indudable que es el ramo de la literatura que más auxilia á la historia como complemento necesario de la narración de los hechos y como antorcha que disipa muchas obscuridades de los anales de la humanidad. El historiador no puede detenerse en los pormenores de la vida ordinaria, porque llaman su atención las grandes vicisitudes que han agitado á las sociedades; el hombre casi desaparece en la confusión de transiciones y peripecias, y sin embargo, el hombre es su móvil, su principio y su origen. Si hay algo moral en la historia, si de algo sirve para el estudio de los caracteres y de las pasiones, el hombre es el que nos revela estos secretos y del hombre han de salir las lecciones que la historia nos muestra al hombre en la escena; la biografía es su vestuario. De aquí que sean distintos los deberes del historiador y del biógrafo: el primero toma por asunto la sociedad en toda su grandeza, y la masa que se ofrece á sus miradas es demasiado extensa para detenerse en sus facciones y peculiaridades, sólo en las más prominentes, y el lector, ante la gravedad de los sucesos, deplora la ignorancia en que le deja sobre el temple especial de los que les dieron origen ó tomaron parte en ellos: el biógrafo satisface este deseo, introduciéndonos en la familia de los individuos, haciéndonos testigos de sus conversaciones, de sus virtudes y de sus flaquezas, de todo lo que es ser moral.

Es indudable que la narración que más atrae, es la que habla más á les sentidos que á la imaginación, la que pinta más que describe.

Así, Sócrates en los diálogos de Platón es un modelo de filosofía y elocuencia. ¡Pero cuánto más lleno de vida y realidad se nos presenta en las anécdotas de Xenofonte!

Este es el secreto que poseyeron Cervantes, Prevost, Richardont, Watter-Scott, y que han empleado Dickens y Balzac: un hecho por sí sólo es menos interesante que cuando se reviste de circunstancias que le rodean.

Ninguna nación nos ha precedido en este género de literatura. Apenas formada la lengua castellana, se escribieron las famosas crónicas de los reyes y personajes como las de Alfonso X, Sancho IV, Fernando IV, Alfonso XI, por Villarzan; D. Pedro el Cruel, Enrique II, Juan I, Enrique III, por Ayala; D. Juan II, Enrique IV y Reyes Católicos, por Andrés Bernáldez y Fernando del Pulgar, como también «Los claros varones de Castilla,» por Pulgar, y otras. Los autores, casi siempre hablan como testigos oculares de los hechos, y muchos fueron contemporáneos de las personas que biografiaron.

Entre los modernos, Mayans, «Vida de Luis Vives;» Navarrete y Clemencin, por las de Cervantes, y Quintana, por «Los varones ilustres.»

El escollo del biógrafo es su parcialidad en favor de los personajes que elige por asunto de su trabajo.

El panegirista no puede ser imparcial, sus elogios inspiran dudas. Comparando la historia con la biografía, rara vez resalta el conocimiento de los grandes desastres con las grandes flaquezas, los resultados nobles y benéficos con las disposiciones felices del ánimo y las sanas propensiones de la voluntad.

La literatura biográfica es susceptible de varias formas: la menos grata es la adaptación del método puramente histórico, es decir, preferir los sucesos sacrificando á la personalidad: su estilo correspondiente á su índole debe ser más bien familiar y llano sin ser vulgar; elegante y correcto sin subir á las regiones de la elocuencia: debe brillar en él la verdad y la justicia.

Entre los antiguos brillaron Plutarco, Cornelio, Nepote, Suetonio y otros, que describieron la vida de grandes hombres, renombrados filósofos, generales ilustres y emperadores: en el renacimiento, descolló el Petrarca, pero puede decirse que en el siglo XVII nació la idea de biografías completas, y en el XVIII y XIX, ha ido en creciente progreso este ramo de la literatura.

El Ateneo Caracense y Centro Volapükista, al acordar en 1.º de Diciembre de 1887 un certamen literario, puso entre sus temas Colección de biografías, comprendiendo su necesidad é importancia. El 12 de Septiembre de 1888, al inaugurar el curso, merecía uno de los premios la BIOGRAFÍAS DE HIJOS ILUSTRES DE LA PROVINCIA; y el 9 de Noviembre, la Excma. Diputación concedió la gracia de su impresión á sus autores los Sres. Diges y Sagredo, quienes entusiastas de la asociación á que pertenecen, aficionados al estudio, no arredrándose ante la escasez de tiempo y carencia de medios para, sin salir de Guadalajara, buscar datos para confeccionar aquélla, han acudido solícitos al llamamiento del Ateneo, presentando una colección de biografías que han merecido el premio que se les otorgara.

A pesar de ser noveles escritores, se han ajustado á las reglas del arte salvando las dificultades; han sabido exponer con método, describir con sencillez y naturalidad á los personajes; relatar sus virtudes y sus faltas; pintar los caracteres sin exajerarlos, ni estremar las alabanzas, predominando en sus juicios un sano criterio de verdad, imparcialidad y justicia, empleando un estilo apropiado y ateniéndose á antecedentes fidedignos.

No podemos menos de aplaudir el método y clasificación empleados: divididas en grandes y pequeñas biografías, figuran en las primeras 24 personajes y 159 en las segundas: la exposición cronológica por siglos, y el índice por pueblos y partidos judiciales, dan mayor interés y claridad á este trabajo, en el que los autores han procurado llevar sus investigaciones hasta la minuciosidad.

No menos digno de alabanza es la acertada elección de las personas biografiadas. En el siglo XIV, el Arcipreste de Hita y Pero González de Mendoza, bien merecen recordación: poco favorables á las letras los últimos años del siglo XIII y primeros del XIV, ocupados los hombres durante las procelosas minorías de Fernando IV y Alfonso XI, en luchas intestinas, en guerra con los moros, no estaban los ánimos para dedicarse al cultivo pacífico de las letras, y la literatura y poesía, á pesar del impulso del rey Sabio, se estacionaron, ó más bien retrocedieron. Algunos ingenios privilegiados se consagraron á las tareas literarias, que tienen mérito, atendiendo á la época y lo desfavorable de las circunstancias para esta ocupación. Un rey, D. Sancho el Bravo, escribió para su hijo un libro de consejos; el turbulento Infante don Juan Manuel, que tantas discordias provocó en los reinados de Fernando IV y Alfonso el Justiciero, escribió en prosa y verso, y el conde Lucanor, de estilo grave y elevado; Alfonso XI escribió el tratado de caza y montería, y de su orden se publicaron las crónicas de Alfonso el Sabio; Sancho el Bravo y Fernando IV y Juan Lorenzo de Segura, autor del poema *Alejandro*, revelan el gusto y espíritu de la poesía española. Tales eran los escritores de aquél siglo, y entre dos reyes, un infante y un ilustradísimo clérigo, brilló el arcipreste de Hita, que escribía en 16 metros diferentes, con agudeza, soltura y donaire, y pintó la desmoralización de su época. No es estraño que figure entre los caracenses ilustres.

Pero González de Mendoza, á quien el marqués de Santillana, su nieto, cita en la carta al condestable de Portugal, y dice «que siguiendo al rey D. Pedro durante su guerra de Aragón, escribió sus más afamadas poesías (1), hizo uso en algunas del dialecto gallego; prestando al rey tan buenos servicios, que le concedió en 1365 los portazgos de Guadalajara (2). Cuando el marqués de Santillana, verdadera autoridad literaria, reconocía el mérito de este personaje, no es de estrañar que en el siglo XIX le honre su pueblo natal.

El reinado de los Reyes Católicos fué la transición de la edad media á la edad moderna, en la que se regeneró en España el cuerpo social; la conquista de Granada fué el triunfo de la idea civilizadora, ven-

---

(1) Pero González de Mendoza, mi abuelo (dice el marqués), hizo buenas canciones y entre otras "Pero te sirvo sin arte," otra á las monjas de Caydia; y cuando el rey D. Pedro sitió á Valencia, otra que comienza "A las riberas de un rio."
(2) Biblioteca Escurí. Cod. XII. 19 fól. 146.

ciendo á otra idea que aspiraba á dominar el mundo: el cristianismo, que hizo á los hombres libres, venció al mahometismo, que los hacía esclavos. En esta epopeya de diez años, desde la sorpresa de Alhama á la rendición de Granada, donde todo fué heróico, figuraron dos hijos de Guadalajara: el conde de Tendilla y el Gran Cardenal Mendoza. Por eso los autores de las biografías no han olvidado al reseñar el siglo xv, á tan esclarecidos paisanos. El conde de Tendilla, gran militar, de denodado valor, como demostró en Huelma y en el sitio de Alhama, mereció en 1490, ser el emisario que reclamase á Boabdil el Chico la condición con que obtuvo el rescate de su cautiverio de Loja, de entregar Granada cuando los cristianos tomaran á Guadix: cuando se acercó el ejército á los muros de aquella ciudad, vióse un moro sólo con bandera blanca que expuso: «que habiendo muerto tres de sus hermanos por mano del conde de Tendilla, deseaba vengar la sangre derramada, peleando con él,» como lo hizo, siendo vencido por el Conde, que reveló una vez más su destreza: nombrado gobernador de Granada, el desgraciado Boabdil le hizo entrega de su anillo, diciendo: «con este sello se ha gobernado Granada, tomadle para que la goberneis, y Dios os dé más ventura que á mí.»

El Gran Cardenal Mendoza, lumbrera de la nación, á quien llamaron el Tercer Rey de España, el primero que hizo resplandecer la cruz de plata en los torreones de la Alhambra al terminar la reconquista, imágen de aquella cruz de roble que se cobijó en la gruta de Covadonga al empezarla Pelayo á impulsos del sentimiento religioso y de independencia. Asociado desde su juventud á la obra del renacimiento literario, como orador basta para acreditarle la famosa carta que escribió al Rey Católico para que no concediese á D. Alfonso de Portugal las treguas que en Zamora solicitaba (1): sus consejos influyeron en la política de los Reyes Católicos, y si algunos escritores le hacen cargo por haber contribuido á implantar la Inquisición en España, desapasionadamente y con imparcialidad debe también consignarse que por su consejo se aplazó su planteamiento, que él consiguió el célebre indulto de gracia: los hombres jamás dejan de ser influidos por las ideas y hasta por las preocupaciones del siglo en que viven, obrando en ocasiones según las necesidades religiosas, políticas ó sociales. (2) No se olvidó el Cardenal del pueblo de su naturaleza, pues al otorgar testamento en Guadalajara á 23 de Junio de 1494, legó á los pobres mil fa-

---

(1) Colección de Mss. de D. Manuel Abella *Escritores coetáneos de la historia de España*, razonamientos, discursos, arengas que se pronunciaron en el reinado de los Reyes Católicos.

(2) Así D Francisco Torres en su Historia de Guadalajara, que escribía 153 años después de muerto el Cardenal Mendoza, en el libro II, cap xv de su obra, cita entre las personas célebres de Guadalajara al hermano de su abuelo, el licenciado Diego Calvo y Zacuero, inquisidor mayor de Cerdeña, *tan recto en su oficio, que mandó quemar por crímenes contra la religión á un cierto santo y á otros muchos caballeros y señores:* denunciado ante Felipe II le hizo venir á España, estuvo en Sopetrán y la Salceda, pero como se viese había procedido con justificación en aquellas causas, el Rey, en premio de sus servicios, le hizo Obispo de Lérida: Véase como siglo y medio después de existir la inquisición se aplaudía y premiaba el celo de los inquisidores, que se aquilataba por el número de víctimas que inmolaban, bajo el pretexto de creer hacer bien á la religión.

negas de trigo cada año y doscientos mil maravedises á la parroquia de Santa María. (1)

Con Antonio del Rincón, famoso pintor, terminan las biografías del siglo XV.

Curiosos y completamente desconocidos para muchos son los datos biográficos de Nuño de Guzmán, conquistador, fundador de la ciudad de Guadalajara de México y presidente de la Audiencia de esta última capital, que con los de D. Juan de la Cuesta, maestro de escuela ilustradísimo y probo; Luis Galvez de Montalvo, poeta alabado por Lope de Vega; Álvar Gómez de Ciudad-Real, notable literato; Luis de Lucena, médico penitenciario del Papa, arquitecto y distinguido matemático á quien los autores vindican justamente de no haber dado á su pueblo natal más honra que su nacimiento (2); Bernardino de Mendoza, valeroso capitán, embajador en Inglaterra y Francia y célebre escritor; Alfonso Núñez de Reinoso, novelista, y Fray José de Sigüenza, lingüista afamado en lenguas orientales y digno competidor del P. Mariana, constituyen los individuos de esta provincia que se distinguieron en el siglo XVI. Figuran en el siglo XVII el erudito jurisconsulto D. Juan Enriquez de Zúñiga; el historiador de la Salceda, Fray Pedro González de Mendoza, Arzobispo de Granada, y el historiador de Guadalajara D. Francisco de Torres; y en el siglo XVIII un relojero é instrumentista matemático, D. Diego Rostriaga, que alcanzó mucho renombre en el reinado de Carlos III.

Del siglo actual aparecen escritas siete biografías: la del hombre de Estado, gloria de la magistratura española, Excmo. Sr. D. Lorenzo Arrazola, de Checa; la de un bienhechor de Castilforte, D. Elías Gil Izquierdo; la del notabilísimo letrado de Molina, el Excmo. Sr. D. Ramón López Pelegrín, oidor que fué de Valladolid, fiscal del Consejo de Castilla y Ministro de Estado, personaje de merecida reputación y justo renombre; las del afamado escritor D. Santos López Pelegrín y Zabala (conocido por *Abenamar*), de Cobeta; Excmo. Sr. D. Narciso Martínez Izquierdo, (natural de Rueda), primer obispo de Madrid, sabio y virtuosísimo prelado; la de D. Fernando Sepúlveda y Lúcio, arqueólogo y consumado botánico, y la de D. Casto Plasencia, de Cañizar, cuya fama como pintor de historia recientemente se confirma en los famosos lienzos que ha ejecutado en la iglesia de San Francisco el Grande, de Madrid, donde su pincel y su talento dejan á la posteridad inmortales obras, en las que se admirará siempre el génio y la inspiración del artista.

Las pequeñas biografías de los siglos X, XI y XII, enumeran los árabes de Guadalajara que fueron notables Bibliógrafos, Geógrafos, Gramáticos, Historiadores, Literatos, Poetas y Viajeros, lo cual prueba que durante su dominación florecieron las letras en nuestra capital.

Pertenecientes á los siglos XV al XIX se reseñan los hombres que

(1) Del testamento del Cárdenal existe copia en la Biblioteca nacional, sección de manuscritos, unida á los testamentos de los Reyes.—T. 38.

(2) Prueba evidente de que estuvo en relación directa con Guadalajara es que el 25 de Setiembre de 1551, el Ayuntamiento otorgó poder al ejecutor apostólico Antonio Nuñez, al *Dr. Luis de Lucena* y á Alvar Paez del Postigo, beneficiado de la parroquia de San Estéban, para suplicar al Pontífice la reducción de hospitales á tres: uno de contagiosos, otro de enfermedades comunes y otro de peregrinos. (Libro de acuerdos del Ayuntamiento de Guadalajara del año citado).

han sobresalido en las ciencias, las letras, las artes, la milicia, la administración ú otros cargos públicos. La provincia de Guadalajara puede vanagloriarse de haber dado no escaso y escogido contingente á todos los ramos del saber humano; desde el pueblo más humilde, por su escaso vecindario, hasta la Capital, pueden envanecerse de sus compatriotas que los enaltecen y ensalzan: *virtuosos prelados* como el cardenal arzobispo de Sevilla, D. Judas Romo (de Cañizar), los obispos de Canarias, Fray Melchor Cano (de Pastrana); Puebla de México, D. Francisco Fabián y Fuero (de Terzaga); Yucatan, D. Diego Landa (de Cifuentes); Lugo, D. Miguel de Fuentes (de Torija); Honduras, D. Juan Perez Carpintero (de Brihuega); Ibiza, D. Braulio Carrasco (de Durón); *distinguidos Canónigos*, entre ellos, D. Juan Marchante (de Auñón); *oradores sagrados*, tan clásicos como Fray Bartolomé Bayo (de Brihuega); *frailes cuya ciencia y respetabilidad* les condujo á ocupar puestos como Fray Juan de Bobadilla, Guardián de San Juan de los Reyes en Toledo; *renombrados teólogos*, Fray Francisco de Madre de Dios (de Pastrana) y Fray Miguel García (de Loranca); *abnegados misioneros*, como Fray Mariano Morón y Pastor (de Brihuega), que fué á Tierra Santa y murió en Siria; *jurisconsultos eruditos*, D. Juan Lopez Pelegrin (de Molina); D. José Lopez Pelegrin (de Cobeta) y D. Alfonso de Peralta (de Pastrana); *eminentes catedráticos*, Fray Alfonso Gutierrez de Veracruz (de Caspueñas), en la Universidad de México; D. Ambrosio de Peñalosa (de Mondejar), en Viena y Fray Juan García Picazo (de Guadalajara) en Alcalá; *varones tan ilustrados* como el Dr. D. Agustin Librero (de Pastrana), rector que fué de la Universidad de Salamanca; *gramáticos distinguidos*, como D. Diego Plaza (de Escamilla) y Fray Joaquin Berday (de Alustante); *retóricos* como Melchor de la Cerda (de Cifuentes); *hombres de administración*, como D. José Lopez Pelegrin (de Molina); *diplomáticos*, D. Jerónimo Ruiz y D. Martin de Velasco (de Auñón); *Farmacéuticos*, del Rey, D. Jerónimo Fuentes (de Mandayona); *Médicos afamados*, D. Francisco Perez Cascales (de Guadalajara); D. Juan de Cárdenas (de Mondejar); D. José Villarroel, médico que fué de Carlos II; D. Cristobal Vega (de Peñalver), en tiempo de Felipe II; *matemáticos*, Fray Manuel de San Pedro (de El Pobo); *literatos escogidos*, como Francisco Segura (de Atienza); *escritores religiosos* de la fama de Fray Diego Celada (de Mondejar), Fray Manuel de la Natividad (de Hita) y D. Tomás de Lucio (de Brihuega); *místicos*, Fray Alexandro de Madre de Dios (de Tomellosa); *profanos*, D. Iñigo Lopez de Mendoza, 4.º duque del Infantado, D. Ignacio Lasarte y Molina y D. Antonio Trillo (de Guadalajara); *genealogistas*, Francisco de Medina Mendoza (de Guadalajara); *historiadores*, D. José Lopez Arguleta (de El Casar), D. Mariano Lopez Cuenca (de Pastrana), Fray Juan de Talamanca (de Horche) y Fray Hernando Pecha (de Guadalajara); *novelistas*, Andrés del Castillo (de Brihuega) y Andrés Prado (de Sigüenza); *poetas dramáticos*, el conde de Coruña (de Torija); Gaspar Guerra (de Argecilla); Alfonso Hurtado de Velarde (de Guadalajara); *religiosos*, Martinez Guindal (de Pareja); *festivo*, D. Manuel Marchante (de Pastrana), á quien le comparaban con Quevedo; *pintor*, Juan de Campo (de Hita); *músicos*, los maestros y compositores Durón (de Brihuega); Santiago Delgrás (de Guadalajara); Miguel Lope (de Castejón de Henares), Manuel Sanchez García (de Campillo de Ranas), José Casado (de Cogolludo) y Joaquin Espin y Guillen (de Sigüenza); *cantores* de mérito, D. José

Flores Laguna (de las Inviernas) y D. Manuel Sardina (de Sigüenza); *arquitectos*, Miguel de Urrea (Fuentes); *calígrafos*, D. Antonio Alvarez Bedesktaim (de Guadalajara); *capitanes esclarecidos*, D. Diego de Urbina (de Guadalajara), que guerreó en Italia y en su tercio estuvo de alférez Cervantes; *distinguidos militares* en la guerra de la Independencia fueron D. Marcelo Dávila (de Valdenoches) y D. Nicolás de Isidro (de Usanos); *agricultores y entendidos ganaderos*, D. Diego Gutierrez de Salinas y D: Justo Hernández (de Brihuega); *grabadores* en el siglo XVIII, tan afamados como Francisco Asensio y Mejorada (de Fuentelaencina) y Fray José García Doblado (de Alocen); y por último, brilló por su cualidad *de hombre virtuoso* Fray Benito de Trijueque (de Brihuega), que si en la enumeración hecha debió figurar el primero le hemos consignado el último, ora porque la virtud es siempre modesta, ora también porque resplandece donde quiera que se encuentre.

No en vano hemos presentado á la vista del lector tan numerosa serie de hombres ilustres sacada del fondo de la obra de los señores Diges y Sagredo: nuestro propósito ha sido evidenciar que nuestros amigos y paisanos han hecho un verdadero servicio á la provincia, recopilando las más importantes noticias de sus hombres notables, que, dispersas en varias obras, no conocíamos la generalidad; han dado una muestra inequívoca de amor pátrio, una prueba de constancia, laboriosidad é inteligencia, confirmando el sabio proverbio árabe "El trabajo es lo que dá á conocer el verdadero valor del hombre, así como el fuego desarrolla el perfume del incienso." Su trabajo ha aquilatado lo que valen como jóvenes de estudio; sin ellos no tendríamos una obra que honra á sus autores, al Ateneo Caracense y á la provincia.

Guadalajara 12 de Febrero de 1889. .

MIGUEL MAYORAL Y MEDINA.

AL LECTOR.

El Ateneo Caracense y Centro Volapükista Español, al promover en el curso de 1887-88 un certámen literario, tuvo presente cuán punible es dejar en el olvido los nombres de aquéllos de nuestros antepasados que ilustraron con sus hechos al pueblo que les vió nacer, y cuán provechoso es recordarles. Por eso escogió como primer tema una *Colección de biografías de hijos ilustres de la provincia de Guadalajara.*

Temerosos de que tema tan interesante quedara desierto, (1) y contando con nuestro buen deseo, más que con nuestras débiles fuerzas, concurrimos á dicho concurso, en el que nos fué adjudicada una pluma de plata, que era el premio ofrecido á la mejor colección de biografías. Tal distinción ha formado un nuevo lazo que nos une á esa ilustrada sociedad á que pertenecemos desde que en 1880 se fundó con el nombre de Ateneo Escolar, y á la cual hemos seguido sin vacilación en todas sus vicisitudes, teniendo la satisfacción de haber contribuido, siquiera haya sido en una pequeñísima parte, á su actual desarrollo y progresos, porque hoy el Ateneo Caracense y Centro Volapükista Español, sin dejar de ser modestísimo centro de instrucción, es motivo de orgullo para Guadalajara, y es conocido y estimado no solamente en España, sino también en el extranjero, pues su *Revista* circula por todos los paises cultos del mundo.

Animados con el premio obtenido, nos dirigimos en atenta instancia á la Excma. Diputación provincial solicitando su protección para publicar esta obra, protección que se dignó concedernos al acordar la impresión de 400 ejemplares.

Esta es la historia del presente trabajo, en el cual hemos puesto mayor empeño en la veracidad de los hechos que en las galas del estilo, con el fin de no sacrificar la historia en aras

---

(1) Este temor no era infundado, pues en el certámen iniciado por el Cláustro de Catedráticos del Instituto de 2.ª enseñanza en 30 de Septiembre de 1887, no se presentó ningún trabajo para optar al premio señalado á la mejor *Colección de biografías de hijos ilustres de Guadalajara*, tema que, como se vé, era más limitado que el que sirve de título á esta obra.

de la imaginación. Para conseguirlo, aparte los datos que directamente nos fueron suministrados por personas amantes de estos asuntos, hemos tenido que leer mucho para adquirir otros que aquí consignamos; pues la falta de noticias bibliográficas y la dificultad que hemos encontrado para escudriñar algunas bibliotecas y archivos, han hecho más ingrata y menos provechosa nuestra tarea.

Bien quisiéramos ofrecer otra cosa á nuestros lectores, porque ninguno dudará que con el asunto de las biografías van íntimamente enlazados otros de índole tan variada como variados son los personajes que se biografían, los aspectos bajo los cuales se distinguieron y los sucesos históricos en los cuales tomaron mayor ó menor parte. En efecto, hablar de teólogos, legistas, médicos y farmacéuticos, arquitectos, historiadores, gramáticos y literatos, guerreros y artistas, si no suponía necesariamente que nosotros habláramos de teología, legislación, medicina y farmacia, arquitectura, historia, gramática y literatura, de la guerra, de la pintura, de la escultura y grabado, etc., de lo que cada una de estas ciencias y artes fué particularmente en nuestra provincia, durante las diferentes épocas históricas, y de lo que fué en aquellos otros sitios donde nuestros personajes influyeron, algo podríase decir, y aun así supone un trabajo de tan alto fuste, que sobre traspasar los límites de los deseos de los iniciadores del certamen, nosotros no nos atreveríamos á hacerle.

Las dos partes de que consta este libro se hallan subdivididas en siglos, donde, por orden alfabético, se describen los hijos ilustres de la provincia que florecieron en cada uno de ellos; pero como algunos de los biografiados vivieron y realizaron hechos meritorios en las postrimerías de un siglo y en los comienzos del siguiente, no puede considerarse la citada división como rigurosamente exacta para los que se hallan en tal caso; pues han sido colocados indistintamente en una ú otra centuria. Con objeto de facilitar la lectura se insertan al final tres índices: uno por orden de siglos, según el plan de la obra; otro por partidos judiciales, y el último por órden alfabético de apellidos.

Muchas de las pequeñas biografías, que bajo la denominación de *Datos biográficos* incluimos en la segunda parte, han sido confeccionadas teniendo á la vista obras que se citan en la presente, cuyos autores nos sirvieron de base también para escribir algunas de las biografías de la parte primera. Sería difícil y molesto reseñar donde hemos recogido los demás datos, si bien algo se indica en el texto del libro.

Cúmplenos declarar que, después de la presentación de esta obra al Certamen, hemos reformado varias biografías, ampliándolas sobre todo, cosa que no pudimos hacer antes por falta de tiempo y por no tener ciertos datos que después hemos adquirido, suprimiendo en cambio algunos de los incluidos en la segunda parte, por no considerarlos de importancia.

Debemos añadir también que por no aumentar la colección, prescindimos de muchos hijos ilustres de la casa de Mendoza; que no determinamos aquellos 16 embajadores, capitanes generales, etc., naturales de Guadalajara, que figuraron durante el guerrero reinado de Carlos V, y dejamos de incluir otras muchas personas dignas de figurar al lado de las biografiadas, porque nos falta tiempo y paciencia para recoger los datos necesarios; y que si no tuviéramos en cuenta aquella sentencia que dice *alaba después de la vida*, uniríamos á estas biografías la de una ilustre dama, más ilustre que por sus títulos de nobleza por su hermoso corazón; que si la circunstancia de no haber nacido en nuestra provincia tan esclarecida señora, nos lo hubiera impedido, la de ser su hija adoptiva (1) hubiera sido mérito suficiente para hacerlo. Permítasenos, á lo menos, estampar aquí su nombre y dirigirla nuestro respetuoso saludo, obligación grata que cumplimos con el mejor deseo y con el desinterés del que no teme que se interprete como adulación lo que es expresión fiel de la justicia con que hablamos, por todos los caracenses reconocida.

Nos referimos á la Excma. Sra. condesa de la Vega del Pozo, duquesa de Sevillano, y otros títulos, angel tutelar de los pobres, persona de caridad inagotable, que ha prodigado beneficios innumerables á esta comarca y especialmente á Guadalajara.

Sin pretensiones este libro, no tememos las mortificaciones de la crítica; sí agradeceremos mucho que nos remitan noticias con que enriquecerlo, y nos adviertan acerca de las omisiones, errores é inexactitudes en que involuntariamente hayamos incurrido.

En resumen, hemos hecho cuanto nos ha sido dable hacer. Si el resultado no corresponde á las esperanzas que pudieran haberse concebido, cúlpese á nuestro escaso ingenio, no á nuestro buen deseo.

---

(1) Las Corporaciones provincial y municipal lo acordáron así por unanimidad en 4 de Abril del presente año (1888.)

PRIMERA PARTE.

—

BIOGRAFÍAS.

—

SIGLO XIV.

EL ARCIPRESTE DE HITA.

Incluimos en esta colección la biografía del Arcipreste de Hita á la manera que el Sr. Catalina García lo hace en *El libro de la provincia de Guadalajara*, «aceptando la opinión de algunas autoridades que creen que tan célebre poeta era de Guadalajara». (1)

D. Rafael Amblés, en su *Juicio crítico del Arcipreste de Hita y de sus obras*, opina igualmente que el Arcipreste Juan Ruiz nació en esta población, fundándose en que «residió mucho tiempo en Guadalajara, Hita y en otros varios pueblos que hoy son de la provincia, pudiendo asegurarse que casi no salió de ella durante su vida».

Confesamos ingenuamente que no nos convence semejante razón á pesar de las consideraciones en que la apoya el señor Amblés, tales como la dificultad en las comunicaciones y el apego al pueblo natal en aquella época, y la poca costumbre de salir de la población en que se había nacido y lugares comarcanos, por no poder suplir de ningún modo su presencia allí donde sus afecciones radicaban; pues aun teniendo en cuenta todo esto, no vemos inconveniente en suponer que naciera en Alcalá de Henares, como creen algunos, puesto que dicha ciudad dista muy poco de Guadalajara y en ella estuvo también el Arcipreste de Hita.

Pero como nos convencen todavía menos los argumentos de los *complutenses*, y existe, por otra parte, una afirmación del historiador Torres, hecha en 1647, á favor de Guadalajara, colocando al Arcipreste de Hita entre los caracenses «más señalados, así en puestos eclesiásticos como en letras divinas y hu-

(1) D. Julio de la Fuente le considera como "uno de los más esclarecidos hijos de Guadalajara„, aunque sin aducir pruebas. (*Reseña de las enseñanzas que existieron en Guadalajara.*—Pág. 8, nota).

manas» (por más que ni aun su nombre sabía), (1) y en Guadalajara y su provincia vivió Juan Ruiz, y aquí estaba enterrado, nos decidimos á insertar los poquísimos datos biográficos que de él se conocen.

Debió nacer en el último tercio del siglo XIII, pues en 1343 escribía, doliéndose de su suerte, el siguiente verso:

¡hay viejo mesquino en que envejecí!

Créese que desempeñó bastante tiempo el arciprestazgo de Hita, puesto que en la historia de la literatura española es conocido más que por su nombre y apellido por el cargo que ejerció.

Fué perseguido por el arzobispo de Toledo D. Gil de Albornoz, que en 1339 le redujo á prisión en el convento de San Francisco (hoy Talleres de Ingenieros) de Guadalajara, donde estuvo recluido hasta 1350. No se sabe la causa de este castigo ó venganza, pero se atribuye generalmente á algunas de sus atrevidas composiciones poéticas, donde la más fina sátira zahirió los vicios y desórdenes de poderosas colectividades y altas personalidades.

Murió en la misma población, y fué enterrado en la iglesia del convento donde tantos años permaneció privado de libertad, en una de las capillas de la izquierda. Su sepulcro, con estátua de alabastro, en actitud orante, se conservó hasta la exclaustración de los Regulares, verificada el año 1837; pero después de esta fecha quedó completamente abandonado, no tardando en ser mutilado y destruido por completo á semejanza de otras sepulturas de hijos ilustres de Guadalajara.

Donde quiera que de la poesía castellana del siglo XIV se trate, allí ha de leerse irremisiblemente el nombre de Juan Ruiz, porque, como dice Barcia, (2) sus obras son y serán siempre uno de los más hermosos modelos de sencillez, de naturalidad y de gracia, particularmente en la expontaneidad de la sentencia y en la gallardía de la descripción.

Fecundo en el concepto, sonoro en la frase, su musa supo llenar el siglo XIV y el romance antiguo. No hay nada más castizo, más donairoso, más bien tallado, que aquella copla del Arcipreste:

Luego en el comienzo fis aquestos cantares;
Llevógelos la vieja con otros adamares:
Señora, dis, compradme aquestos almajares;
La Dueña dixo: plasme, desque me los mostrares.

---

(1) No he sabido hasta ahora más nombre suyo —dice Torres.
(2) Diccionario Etimológico (Tomo 4.º, pág. 755).

Ni hay nada más sonoro, más levantado, más lleno de altivez castellana y alarde poético, que aquél magnífico

Reala de Castilla con pastores de Soria,
Recíbenlo en sus pueblos, disen del grand estoria,
Taniendo las campanas en disiendo la gloria:
De tales alegrías non ha el mundo memoria. (1)

Sus romances y cuentos, sus decires y apólogos famosos, con los cuales coadyuvó eficazmente á los progresos del idioma castellano, conocidos son de todo el que tenga alguna afición á la literatura. Sus cántigas de serrana son lindísimas y hacen recordar las *serranillas* del marqués de Santillana. Entre la tan conocida letrilla de éste:

Moça tan fermosa
non ví en la frontera
como una vaquera
de la Finojosa...

y la cántiga del Arcipreste:

Cerca la Tablada
la sierra pasada
. . . .
fallé una serrana
fermosa, lozana
é bien colorada...

no sabemos por cual decidirnos, pues ambas son gallardas pruebas de sencillez y hermosura.

Empleó casi siempre Juan Ruiz la más punzante sátira, y una libertad y desenfado en el lenguaje que algunos han censurado duramente, aunque sin razón, pues uno de los mayores encantos de este gran poeta es lo que pudiéramos denominar con Barcia *su noble franqueza en el decir.*

Esto no impidió que escribiera también poesías religiosas.

De sus numerosas composiciones merecen citarse las conocidas historias *D.ª Venus* y *D. Amor* y *D. Carnaval* y *D.ª Cuaresma,* en los que bajo una forma festiva desliza profundos pensamientos, bien que esto mismo se observa en la inmensa mayoría de sus producciones y contribuye poderosamente á aumentar su mérito.

Mucho más pudiera decirse acerca de las obras de tan celebrado ingenio, pero como es otro el principal objeto de estos renglones, terminamos aquí el capítulo dedicado al Arcipreste de Hita.

(1) Diccionario Etimológico.—Tomo 3.°, pág. 441.

MENDOZA (D. PEDRO GONZÁLEZ DE)

En el año de 1340 se verificó el casamiento de D. Gonzalo Yáñez de Mendoza, montero mayor del rey D. Alfonso XI, con D.ª María de Orozco, hija de D. Iñigo López de Orozco, señor de Orgaz, Santa Olalla, Torija y otros lugares de esta comarca y vecino de Guadalajara. (1) De este matrimonio nació Pedro González de Mendoza, quien á los 22 años de edad casó con D.ª María Fernández Pecha, hija del camarero mayor de Alfonso XI Fernán Rodríguez Pecha; y muerta aquella señora, contrajo segundas nupcias con D.ª Aldonza de Ayala, Camarera mayor de la reina D.ª Juana, mujer de Enrique II. (2)

González de Mendoza sirvió al rey D. Pedro I en las guerras contra Aragón, y fué General en la frontera de aquel reino, por lo cual, y por otros méritos, el monarca castellano le hizo merced en 1366 de las villas de Hita y Buitrago.

Al año siguiente le encontramos al lado del pretendiente D. Enrique de Trastamara, quien le hizo su Camarero mayor. No sabemos las razones que tuviera D. Pedro González de Mendoza para pasarse al partido del bastardo, pero suponemos que influirían poderosamente en aquella determinación las crueldades y tiranías del Rey de Castilla. (3)

Tomó parte en la batalla de Nájera—1367—(4) y cuando, á consecuencia de ella, huyó D. Enrique á Francia, dejó á Gonzá-

---

(1) «Con esta ocasión, esta ilustrísima casa de Mendoza hizo asiento en Guadalajara para honra y gloria suya.» (Torres).

(2) Uno de los hijos que de D.ª Aldonza tuvo, fué al Gran Almirante de Castilla D. Diego Hurtado de Mendoza, también caracense, que se distinguió entre los trovadores de los tiempos de Enrique III.

(3) En la villa de Hita proclamó el partido de D. Enrique, en 1368, (?) D. Pedro González de Mendoza, que tenía el señorío de ella. (Escudero.—Crónica de la provincia de Guadalajara).

(4) En esta batalla ocurrieron dos episodios que no queremos pasar en silencio, por haber sido sus protagonistas un hijo de Guadalajara y un vecino de la misma población, de la familia de González de Mendoza. Según refiere Núñez de Castro, el conde de Trastamara debió la salvación de su vida á un caracense llamado Juan Ruiz de Gaona, quien viendo á aquel príncipe acosado de cerca, en su fuga, por los ingleses, trocó expontáneamente con él su caballo, armas é insignias y se dejo capturar, con lo cual consiguió que los soldados británicos dejaran de perseguir á los demás fugitivos, entre los que iba D. Enrique. Llevado el prisionero á la tienda del príncipe de Gales y reconocida por D. Pedro el Cruel la audaz estratagema, quiso matar al de Gaona; pero aquél príncipe lo estorbó diciendo que el castellano había procedido como buen caballero, soldado valiente y fiel vasallo, y le puso en libertad.

No tuvo igual suerte D. Iñigo López de Orozco, abuelo de D. Pedro González de Mendoza, quien, como éste, seguía la parcialidad del de Trastamara. porque siendo preso en la misma batalla, y estando en la tienda del príncipe de Gales, entró en ella el feroz D. Pedro I y le mató por su propia mano.—Por esta crueldad—añade Torres—se desavino el príncipe de Gales con el rey D. Pedro.

lez de Mendoza y al arzobispo de Toledo D. Gómez de Manrique, por gobernadores de España, y les mandó fuesen á Aragón donde se hallaban su mujer y su hijo y los llevasen á Guadalajara. Hiciéronlo así, acudiendo después á Toledo al tener noticias de que los habitantes de esta población se habían .dividido en dos bandos; cerráronles las puertas y tuvieron que sitiarla y tomarla, regresando en seguida á Guadalajara, donde estuvieron con la familia de D. Enrique hasta la batalla de Montiel. Así lo dice Núñez de Castro. El cronista Torres manifiesta que D. Enrique vino huyendo á Guadalajara y aquí dejó á su mujer y sus hijos; pero la mayoría de los historiadores de España, y entre ellos D. Modesto Lafuente, expresan que el derrotado pretendiente marchó camino de Aragón; y habiendo .hallado cerca de Calatayud á D. Pedro de Luna, éste le guió hasta salir de Aragón y ponerle en tierra del conde de Foix; que de allí continuó por Tolosa hasta cerca de Avignon, y el conde de Anjou, hermano del rey de Francia, que gobernaba aquella tierra, le dispensó la mayor protección. En cuanto á su esposa é hijos, que se hallaban en Burgos, retiráronse á Zaragoza al tener noticia del resultado de la jornada, acompañados de los arzobispos de Toledo y Zaragoza; mas descontentos de la tibia acogida que habían hallado en el rey aragonés, marcharon al Languedoc á reunirse con D. Enrique, que permaneció allí hasta que reanudó la lucha contra su hermano, entrando por Aragón á Calahorra en Septiembre de 1367, apoderándose en poco tiempo de gran parte del territorio que pertenecía á la corona de Castilla. En esta empresa le ayudó González de Mendoza con 300 ginetes.

Muerto D. Pedro I á manos de su hermano bastardo, algunas poblaciones negaron la obediencia al matador, y entre ellas Requena, que prefirió entregarse al aragonés; pero acudiendo González de Mendoza de su pueblo natal con tropas escogidas y poniéndole sitio la tomó y la hizo volver á formar parte de los dominios castellanos. (1)

Peleó contra Portugal y Aragón, y trató las paces con el monarca de este reino y el matrimonio de la infanta D.ª Leonor, hija de Pedro IV, con el infante D. Juan.

Al ceñirse éste la corona de Castilla, por muerte de su padre D. Enrique, le confirmó en el cargo de Mayordomo mayor, nombrándole además Capitán general de todos sus ejércitos:

---

(1) D. José María Escudero, tomándolo de Núñez de Castro, dice: «El año 1369, con el favor de D. Enrique, salió de Guadalajara con tropas escogidas. contra los moros de Valencia y sitió y les tomó á Requena;» pero ni Valencia pertenecía á los moros, sino á la corona de Aragón, ni los moros tenían á Requena.

El hecho culminante de su vida, y el que le elevó á la categoría de héroe, tuvo lugar en la desgraciada batalla de Aljubarrota, dada en 1385 contra los portugueses (1). Su gran previsión y prudencia militar le anunciaban el mal resultado del combate, por lo que, juntamente con el embajador de Francia, se exforzó en persuadir á los nuestros para que aplazaran el ataque, haciéndoles observar las buenas posiciones que ocupaban los portugueses y el cansancio de los soldados castellanos; pero cuando vió estrellarse todos sus juiciosos razonamientos contra el irreflexivo arrojo de algunos caballeros, se dispuso á luchar como valiente y á morir como héroe, poniéndose con la gente de Guadalajara al lado del Rey.

Los vaticinios de D. Pedro González de Mendoza no tardaron en realizarse: las dos alas del ejército castellano no podían maniobrar á causa de la naturaleza del terreno; sólo el centro y la vanguardia del Rey peleaban, y los de Guadalajara, que se hallaban en ella, sustentaban principalmente el peso de la batalla; pero viéndola D. Pedro rota y deshecha, y á D. Juan I desmontado por haberle matado el caballo los portugueses (2), bajó del suyo con presteza y se lo dió al Rey para que salvase la vida. Agradecido éste, le instó á que montase á la grupa, pero D. Pedro lo rehusó diciendo: *No quiera Dios que las mujeres de Guadalajara digan que quedan allá sus hijos y maridos muertos y yo vuelvo vivo.* «Son palabras—dice el historiador Torres—que debían estar escritas con letras de diamantes, sirviéndole la misma eternidad de papel en que grabarse»— Tras estas frases, entróse por las filas enemigas, donde al punto encontró la muerte, cayendo acribillado por las flechas lusitanas. Los pocos soldados de Guadalajara que se habían librado de los disparos enemigos, arrojáronse como leones sobre los portugueses al ver muerto á su caudillo, y pelearon hasta exhalar el último suspiro, siendo fama que ni uno sólo de ellos quedó con vida.

---

(1)   Habiendo fallecido D. Fernando de Portugal, reclamó la corona de aquel reino el monarca castellano, fundando sus derechos en estar casado en segundas nupcias con D.ª Beatriz, hija y heredera del difunto rey; pero el hermano bastardo de éste, el Maestre de Avis, á quien aclamaban y seguían la inmensa mayoría de los portugueses, se opuso á aquella pretensión y defendió con las armas la validez de su elección al trono, que quedó confirmada y asegurada por la memorable batalla de Aljubarrota.

(2)   Conformes todos los historiadores en que González de Mendoza dió su caballo al Rey, no lo están, sin embargo, en la causa que lo motivara, pues al paso que muchos dicen que fué por haber sido muerto el que montaba D. Juan, consignan otros, como D. Modesto Lafuente, que el Rey era llevado en una litera por hallarse enfermo y casi postrado; que los castellanos le pusieron en una mula al ver que iban en derrota, y cuando la necesidad le obligó á retirarse precipitadamente, González de Mendoza ejecutó el admirable sacrificio que inmortalizó su nombre.

El cadaver de D. Pedro fué llevado á enterrar á Alava.

Alonso Hurtado de Velarde el Viejo, celebrado poeta caracense, describió el heróico sacrificio de su paisano en un romance que ha merecido ser inserto en muchos *Romanceros* y
que trascribimos á continuación:

> El caballo vos han muerto,
> sobid Rey en mi caballo,
> y si no podeis subir,
> venid, sobiros hé en brazos.
>   Poned un pié en el estribo
> y el otro sobre mis manos,
> mirad que carga el gentío,
> aunque yo muera, libradvos.
>   Un poco es blando de boca,
> bien como á tal sofrenadlo,
> afirmadvos en la silla,
> doble rienda y picad largo.
>   No os adeudo con tal fecho
> á que me quedeis mirando,
> que tal escatimá debe
> á su Rey el buen vasallo.
>   Y si es deuda que os la debo
> non dirán que non la pago,
> nin las dueñas de mi tierra
> que á sus maridos fidalgos
> los dejé en el campo muertos
> y vivo del campo salgo.
>   A Diagote os encomiendo,
> mirad por él que es muchacho,
> sed padre y amparo suyo
> y adios que vá en vuestro amparo.
>   Dijo el valiente alavés, (1)
> señor de Hita y Buitrago,
> al Rey Don Juan el primero,
> y entróse á morir lidiando.

No solamente como bizarro soldado se distinguió este preclaro hijo de Guadalajara. Cuando su mano dejaba las armas
cojía la pluma y escribía sentidos versos que le conquistaron
un honroso lugar en la historia de la literatura española— «Débense á Pedro González de Mendoza algunas poesías líricas que
no carecen de belleza. Al celebrarlas su ilustre nieto el marqués de Santillana en la famosa *Carta al Condestable de Portugal*
manifiesta que usó una manera de decir cantares así como scé-
nicos Plautinos é Terencianos», de cuyas palabras, no sin fundamento, deducen algunos que fué, sinó el primero, uno de los
primeros á introducir en Castilla las poesías dramáticas. Lo

_____

(1)   El padre de D. Pedro González era señor de la casa de Mendoza en Alava.

menos que aquellas acreditan es que, usando el diálogo, dió
González de Mendoza un paso que preparó para lo sucesivo la
formación de ese género de composiciones en que tanto han sobresalido después los ingenios nacionales.» (1)

(1)   D. José Julio de la Fuente.—Discurso leído en el Ateneo Científico, Literario y Artístico de Guadalajara y publicado en los números 5 y 6, tomo II de la Revista de aquella extinguida sociedad.—Barcia le cita también entre los poetas del siglo XV (Diccionario Etimológico).

SIGLO XV.

MENDOZA (D. PEDRO GONZÁLEZ DE).

GRAN CARDENAL DE ESPAÑA.

Destácase en la historia pátria la figura del Gran Cardenal de España, personaje que llena toda una época y para el cual es poco marco su ciudad natal, pues sus hechos, traspasando límites tan reducidos, extendiéronse por todas partes.

Hay que considerar al Cardenal D. Pedro González de Mendoza bajo diversos aspectos: señor poderoso y rico por su nacimiento, prelado eminente, político consumado, soldado valeroso, (1) consejero sábio y prudente, varón insigne en las letras, hombre generoso y caritativo, hizo tan glorioso su nombre, que no dudamos en calificarle del más preclaro entre los hijos ilustres de Guadalajara. (2)

Fué su padre el célebre D. Iñigo López de Mendoza, primer marqués de Santillana, de quien ha dicho el señor La Fuente que aunque nacido en Carrión de los Condes, esta circunstancia no quita para que Guadalajara le mire como suyo, pues si por eventuales sucesos no le dió su cuna, le prestó en su solar plácido albergue, casi contínua residencia en los tiempos de paz, segura defensa en los revueltos y azarosos, y suntuoso mausoleo para sus cenizas.

---

(1) Tales eran las costumbres de aquellos tiempos. La historia consigna multitud de batallas en las que tomaron una parte muy principal los prelados. En la de Olmedo (1467) peleó en favor del rey D. Enrique el entonces obispo de Calahorra D. Pedro González de Mendoza, y mandó las huestes del infante D. Alonso el arzobispo de Toledo D. Alonso Carrillo. La batalla de Toro, dada en 1476, fué dirigida por el Gran Cardenal, que llevaba el roquete sobre las armas, y capitaneó una escuadra del ala derecha del ejército castellano el obispo de Avila D. Alonso de Fonseca; combatiendo por los portugueses D. Alfonso Carrillo y D. García de Meneses, obispo de Ebora, que mandó la artillería.

(2) "Cuando no tuviera Guadalajara más gloria que tener por hijo á este singular y raro varón, le bastaba para estar ufana, alegre y gloriosa." (D. Francisco de Torres.—Historia de Guadalajara).

La madre de nuestro biografiado llamábase D.ª Catalina de Figueroa, y era hija de D. Lorenzo Suarez de Figueroa, maestre de Santiago, y de D.ª María de Orozco.

Nació D. Pedro González de Mendoza en el palacio de sus padres, en Guadalajara, el día 3 de Mayo de 1428. Consagráronle desde la niñez á la iglesia, y siendo de doce ó trece años le enviaron á Toledo con su tío el arzobispo D. Gutierre Gómez; allí se instruyó en la lengua latina, y tuvo por remuneración el curato de San Pedro de Hita, y después le dió su tío el arcedianato de Guadalajara, con que empezó á tener casa y criados. (1)

Pasó á la Universidad de Salamanca, y allí estudió derecho civil y canónico con gran aprovechamiento, invistiéndose en 1452 con el título de doctor en ambos derechos. No estaba ocioso durante las vacaciones, pues llevado de su amor al estudio, y por complacer á su padre, «que holgaba de ello por no ser latino», se dedicaba á traducir los mejores modelos de los clásicos, como la *Iliada* y la *Ulisea* de Homero, (2) la *Eneida* de Virgilio y algunas obras de Ovidio. Tradujo también los estudios históricos de Salustio y escribió algunos tratados sobre los linajes de España.

Hecho ya sacerdote volvió á Toledo para residir el arcedianato de Guadalajara en aquella catedral; presentóle su padre á la Corte, y se conquistó desde luego la estimación de D. Juan II y de los principales caballeros. Obtuvo un puesto señalado en la Real capilla y poco después, á los 26 años de edad, era designado por el Rey para el obispado de Calahorra.

Llegaron las bulas y provisiones en ocasión de hallarse González de Mendoza en Segovia, á cuya población había acudido con su padre y hermanos con objeto de jurar obediencia y vasallaje al nuevo monarca Enrique IV, y allí se verificó la consagración con inusitada pompa y con asistencia del Rey y gran número de caballeros, damas, arzobispos y obispos.

Salió enseguida á visitar su diócesis y á disponer las cosas de su iglesia, haciendo en ella muchas reformas; pero regresó pronto á la Corte, porque empezaba á ejercer una gran influencia en los consejos de la Corona, donde sus palabras sensatas y prudentes eran escuchadas con la atención y respeto que me-

---

(1) Así lo consignan Torres y otros; pero Medina en la *Vida y hechos del Gran Cardenal* (M. S. citado por Amador de los Rios en las obras del marqués de Santillana), asegura que todavía en la infancia fué nombrado cura de Hita por su mismo padre, sustituyendo, á la edad de doce años, á su tío en el arcedianato de Guadalajara.

(2) En la Biblioteca Nacional, sección de manuscritos, existe una carta del marqués de Santillana á su hijo D. Pedro para que tradujese en castellano la citada *Iliada*.

recían. Ocurría entonces que los catalanes, á causa de la muerte
del príncipe de Viana, habían ofrecido la corona condal á Enrique IV de Castilla, quien parecía dispuesto á aceptarla. González de Mendoza le hizo ver que semejante conducta no era
propia de un rey noble y caballero, recordándole el estrecho
deudo que á D. Juan II de Aragon le unía, y advirtiéndole cuán
peligroso sería dar aquel ejemplo á sus vasallos. Y no trascu-
rrió mucho tiempo, dice un escritor, sin que el consejo previsor
de D. Pedro González de Mendoza se convirtiese en verdadera
profecía, pues ciertos magnates rebeláronse contra D. Enrique
y le destronaron en Avila, proclamando á su hermano D. Alfonso.

Sabedor del caso el Obispo de Calahorra, acudió presuroso
al lado del Rey, y encontrando indecisos á algunos aristócratas
que no habían tomado parte en aquellas revueltas, acerca del
partido que les convenía adoptar, les exhortó á que continuaran
fieles á D. Enrique, apoyando sus consejos en muchas consideraciones, entre las que merecen citarse las siguientes: «Si todo
el reino es habido por un cuerpo, del cual tenemos al Rey por
cabeza, si por inhábilidad es enferma ¿parecerá mejor consejo
quitar la cabeza, que la naturaleza defiende, que proveer los remedios que la razón demanda? La causa de esta novedad es la
mala gobernación del rey D. Enrique, según publican, y para
remediarla hacen buena la del príncipe D. Alfonso, mozo de
once años de edad, edad que no por el bien general, más que
por su interés particular quieren apropiarse esta gobernación».

Antes había prestado otro gran servicio al Rey, cuando algunos sublevados quisieron apoderarse de su persona entre Vi-
llacastín y San Pedro de las Dueñas; pues habiendo tenido de
ello conocimiento el Obispo, hizo que D. Enrique se pusiese en
salvo, y reprendió á los nobles con severidad su intento, con lo
cual logró contenerlos por entonces.

Llegadas las cosas al extremo que hemos referido, púsose la
casa de Mendoza y otros señores en defensa de D. Enrique, é
hicieron levantar el sitio de Segovia á los rebeldes, no corres-
pondiendo la menor parte del éxito al escuadron del Rey que
mandaba D. Pedro. Encontrándolos después en los campos de
Olmedo (1467), trabóse reñida lucha, que dió por resultado el
triunfo definitivo de los leales, entre los que también se hallaban el Obispo de Calahorra y sus hermanos.

Durante estas revueltas, el Rey entregó su hija D.ª Juana al
Obispo y sus hermanos, quienes la llevaron al castillo de Buitrago, donde fué custodiada por el conde de Tendilla.

Tales sucesos acrecentaron mucho la influencia del ilustre González de Mendoza, que fué presentado por el Rey en 1468 para el Obispado de Sigüenza (1) y abadía de Valladolid, y en 1473 para el arzobispado de Sevilla, confiriéndole también el importante cargo de Canciller mayor de Puridad de los reinos de Castilla y Leon. El mismo año (7 de Marzo), el papa Sixto IV le creaba Cardenal, llegando el capelo con título de *Santa María in Dominica* (2) juntamente con las bulas de la iglesia de Sevilla. El Rey le mandó se titulase *Cardenal de España.*

Muerto entre tanto el príncipe D. Alfonso, ofrecieron sus parciales el cetro de Castilla á su hermana D.ª Isabel, pero esta señora, obrando de una manera noble y levantada, rehusó el ofrecimiento y aconsejó á los rebeldes se sometieran al legítimo Monarca. Aunque D. Pedro González de Mendoza era partidario de D.ª Juana *la Beltraneja*, no por eso permitió que se hiciese el menor mal á D.ª Isabel; por esto, sabiendo que el Rey la quería casar con D. Pedro Girón, Maestre de Calatrava, salió de la Corte y vino á Guadalajara, donde se hallaba la Infanta, y la avisó de lo que contra ella se tramaba, con lo cual pudo evitarse. Más tarde debió comprender la inmensa superioridad de D.ª Isabel sobre su competidora, pues apoyó los derechos de aquélla, pero sin abandonar completamente á ésta, antes al contrario, procuró conseguir algo para ella á título de recompensa, para lo cual «tuvo vistas en Villarejo de Salvanés.» Cuando el Rey intentó prender á D.ª Isabel, le hizo desistir de sus propósitos González de Mendoza, quien consiguió también la promesa de que sería reconocida la Infanta como heredera de la corona.

Falleció D. Enrique IV, dejando por su albacea al Cardenal, y le sucedió la princesa D.ª Isabel, que conociendo desde luego la sabiduría y competencia de D. Pedro en los asuntos de Estado, le confirmó en el oficio de Canciller mayor y le admitió en

(1) El dean D. Diego López de Madrid, apoyado por D. Alonso Carrillo, arzobispo de Toledo, de otros señores y de su cabildo que le había elegido por Obispo, se apoderó de la iglesia y fortaleza de Sigüenza, sin querer dar posesión á D. Juan Mella, designado para ocupar aquél cargo. No sabemos si por muerte ó renuncia del legítimo Obispo, fué nombrado para sucederle D. Pedro González de Mendoza; pero el Dean continuaba en su actitud rebelde á pesar de las amenazas del Papa, no admitiendo tampoco las proposiciones amistosas de Enrique IV, quien le prometió el obispado de Zamora, con tal que dejara el de Sigüenza á González de Mendoza. Vióse éste obligado á emplear la astucia y la fuerza para tomar posesión de su iglesia, y valiéndose de Pedro de Almazán, alcaide del castillo de Atienza, consiguió que un criado del Dean le diese entrada una noche en el alcázar de Sigüenza, donde, con gente que llevó, prendió al usurpador y á otros de su casa, y se apoderó de aquella fortaleza y ciudad.

(2) Despues se le mudó en el de San Jorge y luego en el de Santa Cruz, de quien era devotísimo (Salazar y Mendoza.—Crónica del Gran Cardenal).

todos sus consejos públicos y secretos, «sin que desde aquel día se despachase asunto alguno de importancia sin su parecer y acuerdo.» Consígnanlo así algunos historiadores coetáneos, tales como Pedro Mártir de Anglería, Hernando del Pulgar y Antonio de Nebrija, indicando estos que, envidioso el arzobispo de Toledo D. Alfonso Carrillo de la honra que los Reyes dispensaban á González de Mendoza y por la gran parte que le daban en sus consejos, *más que á ningún otro*, por respeto á su persona y porque era de elevado entendimiento y de gran autoridad, se salió de la Corte.

Surgieron algunas diferencias entre el rey Fernando de Aragón y la reina Isabel de Castilla, acerca de la sucesión de estas coronas, del despacho de provisiones, de la manera como había de hacerse el escudo de armas para los sellos y monedas, y otros asuntos de la misma índole, y fué menester todo el tacto y prudencia del Cardenal Mendoza para arreglarlo satisfactoriamente.

Otro suceso de gran importancia reclamó en seguida su atención: D. Alfonso V. de Portugal, á quien algunos años antes había negado su mano D.ª Isabel, reclamó el trono para su mujer D.ª Juana la Beltraneja, y se disponía á hacer valer los derechos de ésta por medio de las armas, favorecido por algunos magnates castellanos que no podían acostumbrarse á ser dominados por los nuevos Reyes. El Cardenal envió á su capellán Rodrigo Tenorio, y después al Protonotario Alfonso Yáñez, hijo de Guadalajara, al cual confió siempre delicadas comisiones, para que hiciesen ver al portugués lo temerario de su empeño y la conveniencia de venir á un acomodamiento; pero el rey de Portugal no admitió las proposiciones que se le hacían y rompió las hostilidades apoderándose de Toro y Zamora, Burgos y otras poblaciones.

Difícil y crítica era la situación de la reina D.ª Isabel I, pues el estado de pobreza y desorganización en que había dejado el reino D. Enrique IV y el apoyo que algunos castellanos prestaban al rey de Portugal, la hacían temer que los rápidos triunfos parciales que iba alcanzando su competidor se convirtiesen pronto en un triunfo total y definitivo. Recurrió entonces al Cardenal y le dijo: «Agora es tiempo, Cardenal, que vos y vuestros hermanos, parientes y amigos mostreis vuestro valor en el servicio del Rey vuestro Señor y del mio.» El Cardenal le besó la mano y, sin decirle más, escribió á Guadalajara, á sus hermanos y sobrinos y á la ciudad, que respondieron al llamamiento acudiendo con presteza á Zamora, en cuyos campos, cerca de

Toro, se dió una gran batalla que dirigió el Cardenal y que fu una completa derrota para los portugueses. (1)

Al empezar la batalla dió D. Fernando el grito de *mueran los traidores y á ellos*, oido lo cual por el Cardenal, se volvió á sus escuadrones y les dijo: *Apretemos los puños y procuremos vencer, porque si los enemigos nos vencen, nosotros dirán ellos que somos los traidores.*

Hubo algún castellano que, recordando el desastre de Aljubarrota, propuso vengar en los prisioneros portugueses las víctimas de aquella batalla; mas González de Mendoza se opuso enérgicamente y reprendió á los que así pensaban con las siguientes palabras: «Si vosotros, caballeros, matáredes peleando á estos portugueses, hecho era de caballeros; pero matarles rendidos, crueldad se reputara y mucho se ofendería la nobleza castellana. Nunca, plega á Dios, que tal cosa se diga, ni en la memoria de los vivos tal ejemplo de nosotros quede. Trabajemos en vencer y no pensemos en vengar: el vengar es de mujeres flacas. Si venganza quereis ¿qué mayor puede ser que no vengaros del que os podeis vengar, y dar vida y libertad al enemigo pudiéndole dar muerte y captiverio?» Enterado el Rey de esta escena, mandó poner en libertad á los prisioneros, asegurándoles el camino para que regresaran á su patria.

Después de la batalla de Toro rindióse el castillo de Zamora y allí se encontró la recámara del rey portugués con gran número de joyas, preseas y alhajas de su pertenencia, que se hubieran repartido como botín de guerra á no haberlo impedido el Cardenal. «Quisiera, dijo, quitar al rey de Portugal, mi primo, los malos conceptos de su voluntad, pero no los arreos de su persona,» y suplicó y consiguió que fuese devuelto el tesoro á su legítimo dueño.

Ayudaba el rey de Francia al de Portugal en sus pretensiones, y la consumada política del Cardenal halló medio de separarle de esta alianza y hacer treguas con los Reyes Católicos; y conseguido este resultado se encargó de otro asunto delicado y que ofrecía serias dificultades, cual era la devolución á la corona de Aragón de los condados de Rosellón y de Cerdeña, que el padre de D. Fernando había empeñado al monarca de Francia. Nombráronse representantes por ambas partes, designando el Rey Católico por la suya á D. Juan López de Medina, arcediano de Almazán y fundador de la Universidad de Sigüenza,

---

(1) Premiaron los Reyes Católicos el poderoso auxilio del marqués de Santillana, hermano del Cardenal, creándole *Duque del Infantado*.

y siendo elegido como tercero entre Francia y España el Cardenal González de Mendoza, quien indicó para representante al ya citado D. Alonso Yáñez.

Obtúvose no solamente la solución más satisfactoria para España, sino, lo que es más extraño, que Luis XI quedase tan satisfecho como lo probó confiriendo al Cardenal la importante abadía de Fécamp, en el ducado de Normandía. Aceptó el ilustre Mendoza, nombrando vicario para administrarla en su nombre á D. Alfonso Yáñez, pero sabedor de que el último abad había sido injustamente despojado de su dignidad, ordenó al vicario Yáñez que no tomara un solo maravedí de las rentas de la abadía, sino que íntegramente fuesen remitidas al abad desposeído, que se hallaba en Roma. ¡Hermoso rasgo de justicia y generosidad!

Restablecido el orden y la tranquilidad, y promulgadas algunas disposiciones encaminadas á mejorar la situación del reino, se convocaron las cortes de Toledo (1480), en las que se acordó revocar las exhorbitantes, numerosas y escandalosas mercedes que Enrique IV había hecho y que se oponían á la prosperidad de la nación; «pero como quiera que la reversión debía hacerse teniendo en cuenta la mayor ó menor ilegitimidad de las adquisiciones, preciso era adoptar bases prudenciales, cuya difícil obra se encomendó á la reconocida justificación del Gran Cardenal. El encargo no podía ser más árduo, pues la medida lesionaba grandes intereses pecuniarios de hombres unidos en formidables cuerpos armados, todos interesados en una misma causa y poderosos en conexiones y riquezas; pero ante la voluntad recta y enérgica del Gran Cardenal ceden los obstáculos, la ambición y el orgullo quedan doblegados, y en pocos meses, sin violencia, sin desabrimientos y sin protestas, el erario recobra 30 millones anuales, como asegura el cronista Pulgar, uno de los comprendidos en la reforma, siendo todo tan bien ordenado y recibido, que el Dr. Galindez de Carvajal, del Consejo de los Reyes, en su memoria ó registro dice: *que pareció obra divina para remedio é ordenación de las desórdenes pasadas.*» (1)

En otro conflicto vése enseguida obligado González de Mendoza á desplegar su gran talento diplomático: ocurrió entre los Reyes y el Pontífice, por no querer éste aceptar la propuesta que aquéllos habían hecho para el Obispado de Cuenca y nombrar á su sobrino el Cardenal Galeoto Riario, sin contar con la Corona. D. Pedro González consiguió evitar un rompimiento

(1) D. J. J. de la Fuente.

inminente y logró que Sixto IV declarase que pertenecía á los Reyes la presentación y nombramiento de todas las iglesias catedrales de España en personas naturales de estos reinos.

En el mes de Julio de 1482 fué á visitar el Cardenal á la Reina, que se hallaba enferma; D.ª Isabel le dijo: *D. Alonso Carrillo os ha dejado la silla de Toledo:* (1) *paréceme que debeis sentaros en ella, que tan vuestra es como esa,* y señaló á una silla que destinaba para él y en la que siempre se sentaba. A los pocos meses tomaba posesión de la Sede Primada de España el que ya merecía el renombre de *Gran Cardenal.*

Desde Aragón, donde acababa de ser jurado heredero de la corona el príncipe D. Juan, vino la Reina á Guadalajara acompañada del Gran Cardenal, y en esta ciudad se hizo el llamamiento general de las gentes que habían de ir á la guerra de Granada y en aquella lucha que terminó la gloriosa obra de la reconquista ayudó el Cardenal con gruesas sumas de dinero y gran número de soldados que él en persona acaudilló muchas veces; (2) animó á los Reyes y los combatientes en muchas ocasiones, como en la derrota sufrida en la Ajarquía de Málaga (1485), suceso que apenó mucho á la Reina, siendo esto causa de que el Cardenal la hablase ante el Consejo en los siguientes términos:

«Señora; si en la guerra que tenemos con la tentación interior recibimos alteración, no es maravilla haberla en la exterior que tenemos con los enemigos— Habeis, señora, de creer que ninguna conquista de tierra ni de reinos se hizo jamás donde los vencedores no fueran algunas veces vencidos; porque si no hubiese resistencia en las conquistas, más se podría decir tomás de posesión que actos de guerra.—Considerad, señora, que los moros son hombres belicosos y poseen tierra tan montuosa y áspera, que no se pudo conquistar en los tiempos pasados por ninguno de los Reyes vuestros predecesores, porque la disposición de la tierra es la mayor parte de su defensa..... y si á vos, señora, os place, yo iré luego con tres mil hombres de á caballo mios y de mis parientes á abastecer á Alhama é proveer asimismo á las necesidades de dinero.» (3) La Reina no le permitió marchar porque necesitaba de sus sábios consejos.

Esta guerra, en la que tuvo una parte tan activa el Cardenal

---

(1) Murió Carrillo en Alcalá de Henares el 1.º de Julio de 1482.

(2) Torres dice que «en el año 1484 entró en el reino de Granada, siendo general del ejército hasta que vino el Rey Católico.»—D. José Julio de la Fuente manifiesta también que «el Gran Cardenal fué nombrado Capitán general de aquél ejército.»

(3) Pulgar.

como soldado y como consejero, terminó el 2 de Enero de 1492, en cuyo día entraron las tropas españolas en la capital del reino de Granada, cuya toma de posesión describe D. J. J. de la Fuente de esta manera:

«Tres cañonazos disparados desde los baluartes de la Alhambra retumban por el ámbito de la vega de Granada: era la señal convenida para que el ejército vencedor partiera de los reales de Santa Fé á tomar posesión de la ciudad muslímica.—Pavoroso silencio reina en la ciudad de Granada, y, en tanto, un Prelado vestido de aseada y rozagante púrpura, de magestuosa presencia, de rostro varonil, curtido por el sol de los campamentos y el polvo de las batallas, sube por la cuesta de los Mártires al frente de lucida hueste: su diestra empuña la cruz Primacial de España y guarda el sello de oro de los castillos y leones. Es D. Pedro González de Mendoza, Arzobispo de Toledo, Gran Canciller de Castilla, el vencedor de Toro, el consejero y actor en la guerra de Granada.—Es el Gran Cardenal de España, el encargado de la sin igual honra de tomar posesión en nombre de su religión y de su patria del último baluarte de la morisma.» (1)

A principios de 1486 presentóse Colón en Córdoba, donde á la sazón moraban los Reyes, solicitando protección para su arriesgada empresa. El Gran Cardenal «se interesó vivamente ante la grandeza del plan y los francos alardes de religiosidad de su autor: por mediación, en fin, de aquel hombre ilustradísimo y tolerante, muy superior á su época, los reyes D.ª Isabel y D. Fernando, concedieron una audiencia al desdichado marino» (2); pero como la guerra absorbía entonces la general atención, se aplazó este asunto para más adelante.

Sabido es cuántos obstáculos tuvo que vencer el intrépido genovés; cuántas influencias se pusieron en juego para estorbar la realización de sus propósitos, y esto hace más notable y digna de encomio la conducta de las pocas personas que, como González de Mendoza, le comprendieron y protegieron eficazmente, consiguiendo que el día 3 de Agosto de 1492 saliera del puerto de Palos en busca de un Nuevo Mundo.

No debió limitarse á esta primera salida la intervención de nuestro biografiado á juzgar por una carta suya fechada el 26 de Agosto de 1493, que dice así:

---

(1)   En la Catedral de Toledo, en el sitio llamado el *Ochavo*, que es donde se guardan las alhajas de aquella iglesia, se halla la cruz Primacial que el Cardenal González de Mendoza tremoló sobre la torre del Homenage (llamada hoy de la Vela) del palacio de la Alhambra.

(2)   D. Eusebio Martinez de Velasco.—*Isabel la Católica.*

«A nuestro espeóial amigo Jaime Ferrer, el Cardenal de España, Arzobispo de Toledo, etc.»

Jaime Ferrer especial amigo: Nos, queriamos fablar con vos algunas cosas que complen; por ende rogamos vos que vista esta letra nuestra, partais é vengais aquí á *Barcelona*, y traed con vos el Mapa-mundi y otros instrumentos si teneis tocantes á cosmografía.—En *Barcelona* hoy lunes veinte y seis de Agosto de noventa é tres.—*El Cardenal.* (Está firmado). (1)

Aquejado de grave dolencia se retiró el Cardenal á Guadalajara, donde le visitaron los Reyes Católicos que vinieron expresamente con este objeto; (2) y como su enfermedad se prolongase, los reyes se fueron á Alcalá para estar próximos á él, y volvieron á verle algunas veces. En una de ellas, acaso la última, cuando ya D. Pedro González de Mendoza se hallaba casi moribundo, Isabel la Católica le rogó indicase la persona que consideraba más digna de sucederle en el arzobispado de Toledo, y D. Pedro se acordó entónces de aquél fraile llamado Jiménez de Cisneros que, huyendo de la saña del arzobispo don Alonso Carrillo, había permutado el arciprestazgo de Uceda por la capellanía mayor en la catedral de Sigüenza, cuya diócesis regía él á la sazón; recordó que bajo el aspecto austero y frio de Cisneros había entrevisto una inteligencia superior y un carácter enérgico, y que por esta circunstancia le recomendó para el delicado cargo de confesor de la Reina cuando en 1492 le dejó vacante Fr. Hernando de Talavera; comprendió que la virtud y el talento de aquél hombre le hacían merecedor al elevado puesto desde el cual podía desplegar en bien de la pátria sus extraordinarias facultades, y le señaló como su mejor sucesor.

Otorgó testamento el día 23 de Junio de 1494 ante la reina Isabel, quién aceptó el ser su albacea, juntamente con D. Diego Hurtado de Mendoza, arzobispo de Sevilla y sobrino del Cardenal, con Fr. Francisco Jiménez de Cisneros y con el canónigo D. Juan de León, y después le dijo: "Ved si soy buena para otra cosa, por que lo haré con la voluntad que tuve siempre á lo que á vos toca."

Dejó muchas mandas á todas las iglesias que había tenido, y para casamientos de huérfanas y redención de cautivos; ordenó se diesen cada año mil fanegas de trigo á los pobres de su ciu-

_____

(1) Colección de documentos inéditos relativos al descubrimiento, conquista y organización de las antiguas posesiones españolas de América y Oceanía, sacados de los archivos del reino y muy especialmente del de Indias.—Tomo XXXVIII, pág. 223.—Madrid.—1882.

(2) Cada día entraban muchas veces en su casa y le comunicaban los más grandes negocios (Nuñez de Castro).

dad natal y designó por heredero universal á un hospital que con el nombre de Santa Cruz dispuso se construyera en Toledo.

Falleció el día 11 de Enero de 1495 en las casas que edificó frente á la parroquia de Santa María, y fué enterrado, por mandato suyo, en el coro mayor de la catedral de Toledo, al lado del Evangelio, en un sepulcro que labró el célebre Alonso de Cobarrubias.

«Tuvo el Gran Cardenal—dice Salazar de Mendoza—muy gentil disposición y airoso talle y la presencia muy autorizada y venerable: el rostro de muy buenas facciones, gracioso y apacible, y muy bien puesto. Su persona muy compuesta y ataviada, muy limpia y curiosa en el vestido que trajo siempre muy llano y de manera que edificaba. Fué de muy claro entendimiento y hablaba y escribía con grande primor y elegancia. Tenía muy buen juicio y votaba en todos los negocios con mucha madurez y prudencia, y entendíalos con mucha presteza. Fué amoroso y afable con todos, grandes y chicos; y así por estremo muy amado y querido, y nunca hubo queja del tratamiento que les hacía. En la elección de ministros para el gobierno y justicia hizo siempre muy extraordinarias diligencias por todos los caminos que podia alcanzar. Fiaba poco de pretendientes, porque decía no quieren los oficios para servillos bien sino para disfrutallos mal. Ni le hacía buen estómago los favores de que se ayudaban por que era para suplir sus defectos. Tomaba muy á pecho las cosas de que se encargaba si eran justificadas y dignas de que las favoreciese.»

Fué celoso defensor de la religión católica y de las prerrogativas eclesiásticas, que defendió siempre con energía. El año 1457 viendo que el dinero de la bula de la Cruzada que se había de gastar contra los infieles se repartia entre los validos del Rey, se juntó en Uceda con el arzobispo de Toledo y otros personajes y pidió y procuró con ellos que se diese á dicho dinero su verdadero destino. Aun con la reina Isabel, á quien profesaba gran estimación, tuvo graves diferencias en Alcalá de Henares sobre si la villa había de ser gobernada estando allí aquella señora por el corregidor del arzobispo ó por los alcaldes de corte; cuestión que se sometió, para evitar más disgustos, á la resolución de cinco doctores en leyes en representación de la Reina y otros cinco canonistas en representación del Cardenal.

Los papas Calisto III é Inocencio VIII le apreciaron mucho, y Alejandro VI le quería entrañablemente. Algunos soberanos, entre ellos los emperadores Federico y Maximiliano, le distinguieron mucho también, y se dice que este último le envió el año 1489 una nave cargada de tapicerías, ropa blanca de cama y mesa, bufetes, sillas, azofar ricamente labrado en Flandes y otros objetos de valor, tales como un pontifical, mitra, capa y terno de brocado hecho todo de punto sin costura, que llamó la atención de cuantos lo vieron; presente á que correspondió don Pedro González de Mendoza mandando al emperador con Juan de Salazar, su criado, otra nave llena de regalos de inestimable riqueza.

Llegó, en fin, á tal punto su valimento, que sus coetáneos le titulaban *Tercer rey de España*.

Numerosas fueron las fundaciones que hizo y los edificios que levantó á sus expensas, entre ellos la iglesia de Nuestra Señora de las Huertas, en Sigüenza; la de Nuestra Señora de Afuera, en Guadalajara, donde reedificó también el templo de San Fracisco y la parroquia de Santa María; la iglesia y hospital de Jerusalem, en Roma; el hospital del mismo nombre en Toledo, cuya erección encomendó á sus albaceas; la reedificación de la iglesia y casas de Sopetrán y un templo en Sevilla, también bajo la advocación de la Santa Cruz, teniendo la gloria de terminar la magnífica Catedral de Toledo, 267 años antes empezada, cosa —dice Núñez de Castro—que deseó mucho se hiciese en su tiempo, y para ésto hizo grandes socorros de dinero. Pero donde más desprendimiento demostró fué en el famoso Colegio de Santa Cruz, de Valladolid, obra que comenzó el año 1480 y terminó en 1492, y para la cual encargó á su Secretario de Cámara, D. Diego de Muros, no omitiera gasto alguno para que el edificio fuera digno del alto fin á que se le destinaba; y á pesar de que así se hizo, nó satisfizo los deseos del fundador, quien sin los repetidos elogios que á tan hermosa obra tributaron el Rey y la Reina, la hubiera mandado demoler y levantar de nuevo, por considerarla mezquina y no corresponder á su elevado y expléndido pensamien to. (1)

En la vida pública del Gran Cardenal oscurecen algún tanto, al parecer, el brillo de su gloria dos hechos que por haberse verificado durante el tiempo en que ejercía una podorosa influencia en los destinos de la nación española, se cree fueron debidos á su iniciativa y á sus consejos. Es el primero la creación del célebre tribunal de la Inquisición; el segundo la expulsión de los judíos.

Sin embargo, el *Santo Oficio* no fué invención del Cardenal González de Mendoza; su establecimiento debe atribuirse á la

___

(1) Salazar de Mendoza.—*Crónica del Gran Cardenal.*

época y á las circunstancias (1). La noticia de un delito cometido por los judíos de Sevilla, el año 1478, aumentó el odio que siempre el pueblo les había demostrado: se dirigieron numerosas intancias á los Reyes pidiéndoles adoptáran una determinación que evitase aquel estado de cosas, y castigase el crimen (así se consideraba entonces) de los que, aparentando profesar la religión católica, seguían la judaica ó mahometana, indicando como el mejor medio el establecimiento de una inquisición.

Accedió la Reina, aunque con pesar; pero con objeto de ensayar una política más suave, encargó el asunto al ilustrado don Pedro, hasta tanto que se solicitaban las bulas que autorizasen el procedimiento contra los herejes.

Bien puede asegurarse que nuestro biografiado no halló manera de contrarrestar el empuje de la opinión que reclamaba el castigo de los culpables, que de haber estado á su alcance conseguirlo, quien algunos años antes dejó oír su voz en favor de los perseguidos judíos, siguiera después la misma noble conducta (2).

No podrían tampoco sustraerse por completo á las preocupaciones de su tiempo ni aun corazones tan generosos como el de Isabel la Católica y el Gran Cardenal. Este, sin embargo, redactó un *Catecismo* trazando las obligaciones del cristiano «desde el dia en que nasçe, ansí en el sacramento del baptismo como en todos los otros sacramentos que debe resçibir, é de lo que deba ser doctrinado, é debe usar é creer, cómo fiel cristiano en todos los dias y tiempo de su vida, fasta el dia de su muerte»; mandó publicarlo en las iglesias de la metrópoli y encargó á los sacerdotes su explicación y enseñanza, proponiéndose sin duda de esta manera, á la vez que evitar abusos fundados en diversas

---

(1) D. Francisco de Torres, queriendo, sin duda, ensalzar con esto al Gran Cardenal, dijo que "por su consejo y prudencia se fundó tan Santo Tribunal,. Núñez de Castro manifiesta que "los Reyes Católicos le encomendaron el remedio (de las heregías), y este consultó con Cisneros y otros hombres doctos. Los historiadores indican en general, como causa, las amonestaciones del alto clero, citando algunos á Manrique, Alonso de Ojeda, Alonso de Burgos, Torquemada y otros, entre los que no se incluye al Cardenal Mendoza; suponiendo también alguno que el rey D. Fernando asediaba contínuamente á su esposa para que consintiera el establecimiento de dicho tribunal.

Por lo demás, la Inquisición hacía tiempo que funcionaba en Francia, Alemania, Aragón y Cataluña.

(2) En el reinado de Enrique IV se inició una terrible cruzada contra la raza de Judáh, motivada por un crimen sacrílego que cometieron los judíos de Sepúlveda, y la persecución contra éstos tomó un carácter diverso del de épocas anteriores. Hasta entonces se había respetado á los conversos, y aún se les había dado muchas dignidades civiles y eclesiásticas, pero en esta ocasión todos fueron combatidos y considerados como igualmente perversos. D. Pedro González de Mendoza, Obispo á la sazón de Calahorra, levantó su voz desde Vitoria en defensa de los oprimidos y demostró la aptitud legal de los conversos para obtener toda clase de oficios.

interpretaciones por parte de los jueces, conseguir por la persuasión y el convencimiento el fin apetecido.

Expedida por el Papa Sixto IV la bula pontificia en 1480, ordenándose la instalación del tribunal de la Inquisición, tuvo lugar el primer auto de fé en Sevilla, el día 6 de Febrero del año siguiente. El Cardenal Mendoza, á cuyos sentimientos debieron repugnar aquellos suplicios, impetró de la Reina un *Edicto de gracia*, que consiguió y se publicó á mediados del mismo año, haciéndose extensivo á todos los dominios de los Reyes Católicos. Acertado anduvo el Cardenal en tan sabia y humanitaria medida, pues á este llamamiento respondieron unos 20.000 conversos que confesaron sus culpas y se reconciliaron con la iglesia, quedando demostrado así que la tolerancia y la generosidad logran siempre lo que no consiguen las persecuciones y los castigos.

El segundo cargo formulado contra González de Mendoza, es, como ya hemos dicho, la expulsión de los judíos, cuyo edicto se firmó en 31 de Marzo de 1492. Nada hemos encontrado que confirme esta acusación, y en cambio hemos visto que algún escritor atribuye dicha medida al inquisidor Torquemada. Difícil sería que, quien, como el Gran Cardenal, dió constantes pruebas de tolerancia, tuviera participación en aquel asunto.

En su vida privada se le censura por que «á vuelta de las negociaciones de esta vida tuvo tres hijos varones», (1) los cuales fueron legitimados por cédula de los Reyes Católicos y por bula del Papa, con objeto de que le sucedieran en su patrimonio. Nuevo y elocuente argumento de la imperfección humana, como dice un escritor; tributo pagado en la edad juvenil á las costumbres de aquel tiempo!

Hubo los dos primeros en D.ª Mencía de Lemus y Castro, calificada dama portuguesa de la Reina D.ª Juana, esposa de Enrique IV. El mayor, llamado D. Rodrigo de Vivar y Mendoza, conde del Cid y primer marqués de Cenete, casó en primeras nupcias, en Medinaceli, con D.ª Leonor de la Cerda, hija única del duque de Medinaceli, sobrina del Rey Católico y nieta de D. Cárlos, príncipe de Viana, presenciando el acto los Reyes y el Cardenal que se dirigían á Barcelona. Mereció D. Rodrigo señaladas recompensas por su valor, que demostró especialmente en la guerra de Granada; y murió el año 1523, siendo enterrados en el convento de Dominicos de Valencia.

D. Diego Hurtado de Mendoza, virey de Valencia y capitán

_____

(1) Frase del Capitán Gonzalo de Oviedo.

general de Calabria, fué el segundo hijo del Cardenal. Heredó las tercias reales decimales de Guadalajara y muchas tierras de su padre; se distinguió en las guerras de Nápoles, en las que adquirió el condado de Mélito y el Señorío de Francabila; fué también conde de Aliano y Señor de Almenara, etc.

Tuvo el Cardenal su tercer hijo, que se llamó Juan Hurtado de Mendoza, de D.ª Inés Tobar, dama principal de Valladolid, hija de Juan de Tobar, señor de Caracena y rico-home de Enrique IV. Casó en vida del Gran Cardenal con D.ª Ana de Beaumont y de Aragón, hija de D. Luis de Beaumont, condestable de Navarra y conde de Lerín, y tuvo dos hijos, D. Diego Hurtado de Mendoza y D.ª Catalina de Mendoza. Contrajo segundas nupcias con D.ª Inés de Orozco, y terceras con D.ª Mencía de la Vega y Sandoval.

Dice Fr. Prudencio de Sandoval que fué capitán de la gente de Valladolid, en las Comunidades, y que en 1521 acudió á socorrer á Dueñas y saqueó á Villacis; pero Salazar de Mendoza asegura que antes de empezarse los rompimientos y desórdenes se pasó á Francia. Lo cierto es, que ni él ni su hijo volvieron á España, y esto parece confirmar su participación activa en aquellos acontecimientos.

Réstanos solamente, para terminar este boceto biográfico, desmentir las erróneas afirmaciones de un escritor moderno, D. Eusebio Martínez de Velasco, que en su libro titulado *El Cardenal Jiménez de Cisneros*, rechazando todo punto de comparación entre el célebre franciscano y D. Pedro González de Mendoza, manifiesta que éste *en nada contribuyó á la unidad nacional; que acompañó á los Reyes Católicos en la guerra de Granada, como les acompañaron otros prelados, y nada más.*

Se nos ocurre que para tributar á Jiménez de Cisneros las alabanzas á que sus grandes merecimientos le hacen acreedor, no es necesario apelar al recurso de negar los hechos del Gran Cardenal de España. Numerosos escritores de su tiempo hacen constar la parte principalísima que en la conquista del reino granadino tuvo nuestro biografiado, siendo general del ejército hasta la llegada del Rey, suministrando dinero y hombres, ayudando con sus consejos y peleando personalmente en muchas ocasiones.

Dice también el Sr. Martínez de Velasco, que «apenas influyó el Cárdenal Mendoza en los Consejos de la Corona, después de la conquista de Granada y del descubrimiento de América, por haber vivido fuera de la Corte, en su palacio de Guadalájara, en los últimos años de su existencia, agobiado por la enfermedad cruel que le llevó al sepulcro, por lo cual fué extraño por completo al verdadero desenvolvimiento de la sábia políti- ca de D. Fernando y D.ª Isabel en la plenitud gloriosa de su reinado»; pero habiendo tenido lugar la rendición de Granada en 1492, y el descubrimiento del Nuevo mundo á fines del mis- mo año, poco tiempo debió estar el Cardenal Mendoza sin ejer- cer influencia en los consejos de los Reyes, puesto que murió á principios de 1495. Efectivamente, así es: únicamente un año ó poco más permaneció alejado de la corte, y aún entonces los Reyes le visitaban y consultaban con frecuencia, y en gran es- tima tendrían siempre el buen juicio y recto criterio de Gonzá- lez de Mendoza, cuando estando ya gravísimamente enfermo le preguntó D.ª Isabel á quién creía digno de ocupar el arzobispa- do de Toledo que iba á dejar vacante al morir, y habiendo de- signado á Jiménez de Cisneros, éste fué elégido para suceder- le, á pesar de su humilde condición, y no obstante que elevados personajes trataron de impedirlo.

MENDOZA (D. IÑIGO LÓPEZ).

PRIMER CONDE DE TENDILLA.

Muchos y muy valerosos soldados ha tenido Guadalajara en las diferentes épocas históricas, autores de gloriosas hazañas no menos ciertas que desconocidas ú olvidadas.

Así los vemos intervenir en Aljubarrota á las órdenes de su heróico caudillo Pero González de Mendoza; en las turbulencias del reinado de Enrique IV; en las guerras con los moros, espe-. cialmente en Granada, donde tomaron una parte principalísima; en Italia, en Flandes, en Portugal, en Cataluña, en todas partes.

Por eso dice Torres: "Feliz ha sido Guadalajara en varones militares; hazañas increíbles, por grandes, han emprendido sus hijos; los límites y redondez del mundo estrechos han sido á su valor magnánimo. ¿Cuándo han dejado de ser ellos los primeros en las ocasiones árduas y peligrosas?„

Entre aquellos bizarros soldados aparece en primer término D. Iñigo López de Mendoza, hijo del célebre marqués de Santillana y de D.ª Catalina de Figueroa, su mujer, primer conde de Tendilla, señor de muchos lugares, caballero de la orden de Santiago, Comendador de Socuéllamos, trece de dicha orden, del Consejo de Enrique IV, Asistente de Sevilla y Adelantado mayor de Andalucía.

Nació tan ilustre personaje en Guadalajara en 1418 (1), y mostró desde su juventud mucha afición al estudio de las letras, pero se dedicó principalmente al ejercicio de las armas, dando insignes pruebas de su intrepidez é inteligencia en esta profesión.

El día 14 de Abril de 1438, su padre el marqués de Santillana, que era Capitan general de la frontera de Jaen, ganó á los moros el pueblo de Huelma, después de terrible batalla en la que mostraron su arrojo los soldados de Guadalajara. D. Iñigo López de Mendoza, que á la sazón tenía 20 años, hizo prodigios de valor, y atravesó con su lanza, derribándole muerto del caballo, á Aben Farax, afamado caudillo del rey de Granada.

Por la participación que en esta acción tuvo le concedió el rey D. Juan 300 vasallos, como lo prueba la siguiente cláusula de un privilegio que le otorgó Enrique IV en 1470:

"El Rey Don Johan de gloriosa memoria, mi señor é padre, cuya ánima Dios aya, vos fizo merced de 300 vasallos en estos reynos por la batalla que vencisteis, viniendo la gente del rey Abinazer á socorrer á Huelma, que la tenía vuestro padre, el marqués de Santillana, cercada; é matando gran parte de la gente é por vuestra persona propia á Aben-Farax, caudillo de ella, socorristes al buestro padre que estaba en gran peligro.„

También en pago de este servicio, y para estímulo de su bizarría, donó el Marqués á su hijo Iñigo, en 1443, los pueblos de Meco y Miralcampo (2).

Casó con D.ª Elvira de Quiñones, hija de Rodrigo Fernández de Quiñones, Merino mayor de Asturias, señor de la casa de Luna, y de D.ª María de Toledo, su mujer, y tuvo por hijos al segundo conde de Tendilla y á D. Diego Hurtado de Mendoza (3).

(1) Según Nuñez de Castro, en 1400.
(2) "Historia de la Casa de Mondéjar„ citada por el Sr. Amador de los Rios en las "Obras del Marqués de Santillana„ y ambas por D. J. J. de La Fuente en su "Reseña histórica de las enseñanzas de Guadalajara.„
(8) El Cardenal D. Diego Hurtado de Mendoza, natural de Guadalajara, acompañó siempre á su tio el Gran Cardenal. Teniendo los Reyes Católicos noticias de su procedéncia, letras y virtud, le dieron el Obispado de Plasencia el año 1481. Después, el año 1485, pasó á ser Arzobispo de Sevilla, y por muerte de su tio el Cardenal le dió el Pontífice el Patriarcado de Alejandría y el capelo de Cardenal de título de Santa Balbina..... Fué amparo de la patria y honor de ella. Murió en Madrid á 14 de Octubre de 1502 y de allí llevaron su cuerpo á su entierro de Sevilla, en donde está sepultado, en Nuestra Señora de la Antigua de dicha ciudad. (Torres)

Desempeñó delicadas comisiones y en ellas demostró gran energía, cordura y discreción, y con especialidad en Roma, donde estuvo dos veces de Embajador.

Fué capitán general contra Aragón y Navarra y tres veces contra los moros de Granada.

Estando encargado de la defensa de la plaza de Alhama, las lluvias invernales fueron tan copiosas y continuadas que ocasionaron la caida de un pedazo de la muralla. Los soldados y vecinos, temerosos de que apercibidos los moros del suceso dieran el asalto á la plaza, trataron de desamparar la ciudad, pero el Conde mandó hacer una cubierta de lienzo por la parte caida, pintándola con mucho artificio, é hizo levantar á toda prisa el muro derruido, consiguiendo de esta manera engañar al enemigo y conservar la ciudad.

Durante su estancia en dicha plaza, obligado por las circunstancias, y dando muestras de talento é ingenio, inventó el papel-moneda. Hallábase el noble caudillo—dice D. Manuel Colmeiro (1)—tan privado de socorros y esperanzas, que para pagar el sueldo de sus tropas discurrió poner en curso un signo que hiciese el oficio de moneda y remediase la necesidad de bastimentos, facilitando el modo de comprarlos; pero oigamos á á Pulgar en su "Crónica de los Reyes Católicos„ part. III, capítulo XXVI.

"Acaeció asimesmo que ovo falta de moneda en aquella cibdad para pagar el sueldo que á la gente de armas se debía, é por esta causa cesaba entre ellos el trato necesario á la vida. Vista por el Conde (de Tendilla) esta falta, mandó facer moneda de papel, escribió de su mano el precio que valiese, é de aquella moneda ansí señalada pagó el sueldo que se debía á toda la gente de armas é peones, é mandó que valiese entre los que estaban en la cibdad, é que ninguno la refusase. E dió seguridad que cuando de allí saliesen, tornándole cada uno aquella moneda de papel, le daría el valor que cada pieza toviese escripto en otra moneda de oro ó de plata. E todas aquellas gentes, conociendo la fidelidad del Conde se confiaron en su palabra, é recibieron sus pagas en aquella moneda de papel, la cual anduvo entre ellos en la contratación de los mantenimientos é otras cosas sin la refusar ninguno, é fué gran remedio á la extrema necesidad en que estaban. Después, al tiempo que el Conde dejó el cargo de aquella cibdad, antes que de ella saliese, pagó á cualquiera que le tornaba la moneda de papel que había recibido otro tan-

_____

(1) Historia de la "Economía Política en España„ cap. II.

to valor en moneda de oro ó de plata como en la de papel estaba escripto de su mano.„

«Ningún requisito faltaba á estas cédulas para merecer el nombre de papel moneda. Eran un signo ó representación de la real y efectiva, debían recogerse á cambio de dinero contante y tenían curso obligatorio. Si mucho honra al Conde de Tendilla semejante invención, mucho más levanta su fama la escrupulosa fidelidad á la promesa de extinguir la deuda, y la parsimonia con que empleó tan ingenioso arbitrio, mirándolo como una arma útil en los trances apurados de la guerra. Tal vez hubo gobiernos inconsiderados que convirtieron en regla general una excepción limitada á circunstancias pasajeras y tiempos extraordinarios. El Conde de Tendilla no debe cargar culpas agenas. Suyo es el mérito de la invención, á lo menos en cuanto á España; y si otros abusaron de ella, esos deben responder de calamidades que provocaron ante la severa posteridad.»

El progenitor de la Casa de Tendilla (que dió esa serie sucesiva de capitanes generales de Granada durante luengos años después de la reconquista; capitanes, diplomáticos, historiadores y religiosos distinguidos) era el tercero de los hijos del primer marqués de Santillana, y fué padre del segundo Conde de Tendilla y primer marqués de Mondéjar, protector de la libertad religiosa de los moriscos, y abuelo de D.ª María Pacheco y la Marquesa de Monteagudo, no menos ilustradas que su padre el segundo Conde y que su hermano el célebre autor de las «Guerras de Granada» y de «El Lazarillo de Tormes», D. Diego Hurtado de Mendoza, Embajador de Cárlos V en Roma. (1)

Falleció el primer Conde de Tendilla en esta villa el año 1480: sus restos mortales fueron sepultados en el monasterio de San Jerónimo del mismo pueblo, conocido bajo la advocación de Santa Ana, del que era patrono por fundación y dotación.

Su cadáver y el de D.ª Elvira de Quiñones, su mujer, fueron colocados en dos magníficos sepulcros de mármol, joyas artísti-

_____

(1) D. Eusebio Martinez de Velasco en «Comunidades, Germanías y Asonadas», pág. 163, nota, pretende distinguir este personaje del otro D. Diego Hurtado de Mendoza, conde de Melito y virrey de Valencia, y para ello dice que el conde de Melito «era hermano del insigne conde de Tendilla y primer marqués de Mondejar D. Iñigo López de Mendoza, y ambos fueron hijos del célebre D. Iñigo López de Mendoza, primer marqués de Santillana y conde del Real». Dos errores se hallan contenidos en las palabras trascritas: 1.º el conde de Melito no era hermano del primer marqués de Mondéjar; 2.º ni éste ni el conde de Melito fueron hijos del primer marqués de Santillana.

La verdad es esta: D. Diego Hurtado de Mendoza, conde de Melito, fué hijo del Gran Cardenal y por consiguiente nieto del primer marqués de Santillana, sobrino del primer conde de Tendilla (hermano del Cardenal) y por tanto primo carnal del segundo conde de Tendilla, primer marqués de Mondejar.

Hay tantos nombres iguales en la casa de Mendoza, que fácilmente se origina confusión entre ellos.

ticas de mucho mérito, admirablemente descritas por el Excelentísimo Sr. D. Valentín Carderera en su obra «Iconografía Española», sepulcros que hubieran desaparecido entre las ruinas de S. Gerónimo de Tendilla, donde se hallaban, si con muy buen sentido no hubieran sido trasladados á otro sitio por acuerdo de la Comisión de monumentos de esta provincia, y así los podemos admirar hoy en la iglesia de S Ginés, (antes Santo Domingo) de esta ciudad, no sin que precediera la restauración total del uno y el perfeccionamiento del otro, hechos por D. Benito Sagredo, vecino de esta ciudad. (1)

RINCÓN (ANTONIO DEL).

A la verdad, no debemos denominar *biografía* á estos mal perjeñados renglones, porque en ellos no se consignan ciertos datos y fechas que son necesarios en todo trabajo que lleve aquél título, y para cuya averiguación han sido inútiles nuestras pesquisas.

Hemos consultado á muchos cronistas locales y generales, antiguos y modernos; hemos leido á los historiadores de la pintura española, y todos citan al caracense Antonio del Rincón, tributando alabanzas á su talento y citando sus obras, pero ninguno se ocupa de su vida. Esto mismo tendremos que hacer nosotros forzosamente.

Sábese que nació en Guadalajara el año de 1446, y, según la opinión del Sr. Escudero (2), parece que debió estudiar en Italia con Andrés del Castagno, Domenico Ghirlandajo ó algún otro pintor de aquella escuela, por lo que su estilo revela. También D. Angel Avilés indica que Rincón aprendió en Italia el estilo naturalista que campea en sus cuadros; (3) pero D. Vicente Poleró, en su *Tratado de la pintura*, supone que estudió en

---

(1)   D. José Julio de la Fuente, en su «Reseña histórica de las enseñanzas que existieron en Guadalajara» da cuenta muy por extenso de este asunto de la traslación y de otros que con él se relacionan.

(2)   Crónica de la provincia de Guadalajara.

(3)   El célebre Antonio del Rincón, que llena la segunda mitad del siglo XV, trajo de Italia los principios de la nueva escuela naturalista del Renacimiento. (*El Retrato.* —Conferencias pronunciadas en el Círculo de Bellas Artes.—1886.—Cap. II. pág. 59.)

España, aunque con maestros extranjeros, como lo prueba el siguiente párrafo del citado libro:

"En el siglo XV estableciéronse en Castilla, como artistas de nota, Gerardo Starnina, Dello Florentino, el maestro Rogel, flamenco, y Juan de Borgoña, que con otros varios formaron á los celebrados..... Rincón..... y otros, que á porfía, dejaron muestras de su saber é inteligencia.„

Lo cierto es que Antonio del Rincón inició en España el renacimiento pictórico, que fué el primero que empezó á sacudir la manera gótica y á usar de formas redondas, dando á las figuras carácter y mejores proporciones, y pintando con otras máximas más conformes á la naturaleza (1); que, dejando las antiguas tradiciones, señaló á la pintura nuevos derroteros y admitió francamente la influencia del renacimiento artístico (2); que se emancipó del amaneramiento gótico, dando á sus figuras carácter y expresión, y acercándose más al natural (3).

Los Reyes Católicos tuvieron en grande aprecio al maestro Rincón, y premiaron su talento nombrándole pintor de Cámara, en cuyo cargo acompañó á la corte en sus viajes, concediéndole el hábito de la orden de Santiago (4).

Muy notables son las obras de tan famoso pintor. Las figuras de las 17 tablas del retablo mayor que existía en la parroquia de Robledillo de Chavela, se considera por el dibujo, carácter, belleza de expresión y buen plegado de los paños, como la mejor que ha salido de su pincel. Suyos son los retratos de los Reyes Católicos, que se hallan colocados en el retablo mayor de San Juan de los Reyes de Toledo y el del gran humanista Antonio.de Nebrija, como también un oratorio con puertas en que estaba representado el Calvario, en los Agustinos Calzados de Granada, y se cree, fundadamente, que las pinturas de las paredes del Sagrario Viejo de Toledo á él son debidas, pues en los documentos del archivo de la catedral consta que el cabildo encargó aquella obra á *Maestre Antonio* y á Pedro Berruguete, y es indudable que el primero fué Antonio del Rincón, por no ha-

(1)   Cean Bermudez.—Diccionario histórico de los más ilustres profesores de España.—Tomo 4.°
(2)   D. Juan Catalina García.—El Libro de la provincia.
(3)   D. José María Escudero.—Crónica de la provincia de Guadalajara.
(4)   En una carta burlesca que D. Diego Hurtado de Mendoza, hijo del segundo conde de Tendilla, dirijió al capitán Pedro de Salazar apropósito de un su libro en que relataba las victorias del Emperador contra los sajones, le dice irónicamente que S. M. piensa hacerle merced del hábito de Santiago como recompensa á su trabajo, y le advierte que le pille, que cuando se le dió la Reina Católica á *Rincón el viejo*, este dijo: Su Alteza me ha hecho poner esta cruz porque no se meen en mí.„ (Biblioteca clásica.—Obras en prosa de D. Diego Hurtado de Mendoza.)
u

ber otro que reuniese las condiciones que él para aquél desempeño.

El museo del *Ermitage* de San Petersburgo, posee un cuadro de nuestro paisano, en que se ve á la Virgen dando de mamar al niño Jesús.

En 1853 se vendió en Lóndres, por 50 libras esterlinas, un cuadro mencionado en el catálogo de la antigua galería española del Museo del Louvre, como de Rincón, que representaba también á la Virgen y el niño Jesús; en 1867 fué enajenado en Salamanca, por 400 francos, otro cuadro del mismo, que figuraba á Cristo bendiciendo á la Virgen. (1)

El Sr. Carderera, en su notable *Iconografia española*, atribuye á Rincón el cuadro núm. 935 del Museo Nacional de Pinturas, en el que aparecen los reyes Católicos, los infantes D. Juan y D.ª Isabel y el inquisidor Torquemada, rodeados de Fr. Pedro Mártir, de San Agustín, con Sto. Domingo de Guzman y adorando á la Virgen y al niño Jesús. Este notable cuadro, procedente del convento de Sto. Tomás de Avila, fué pintado por orden de Torquemada, por los años de 1485. (2)

El Sr. Martínez de Velasco, en su libro titulado "Comunidades, Germanías y Asonadas,, dice, refiriéndose á D.ª Juana la Loca: "No carecía de esos atractivos y dotes físicos que la niegan algunos historiadores (entre ellos el Sr. Lafuente), á juzgar por un retrato auténtico que se conserva en el palacio Real de Madrid y que algunos atribuyen á *Fernández del Rincón,* el pintor de Cámara de los Reyes Católicos.

Se ha dicho de Luis de Lucena y de Antonio del Rincón, que ilustraron sólamente á Guadalajara con su nacimiento, y que su país natal no tiene nada que agradecerles. Demostraremos lo infundado de estas palabras por lo que á Lucena atañe, pero confesamos que no podemos hacer lo mismo en lo que respecta á Rincón, pues no tenemos pruebas que aducir contra semejante imputación. Sin embargo, ¡quién sabe si la falta de noticias de tan ilustre caracense será la causa de que, quizás injustamente, se le atribuya aquel olvido para con la población en que vió la luz primera!

Murió Antonio del Rincon el año de 1500.

(1) Escudero.—Crónica de la provincia de Guadalajara.
(2) Este dato, que encontramos también en la *Crónica* del Sr. Escudero, no está conforme con lo que se lee en el Catálogo del Museo del Prado, (1872) por el Sr. Madrazo, donde consta que el cuadro núm. 935 antiguo, que corresponde al 16 moderno, es una Sta. Agueda, pintada por Barbalunga, y el 935 moderno, es un cuadro de Juan de Pareja, (el esclavo de Velazquez) que representa *La vocación de San Mateo.*
Dada la ilustración y competencia del Sr. Carderera, sospechamos que se ha estampado el núm. 935 en lugar del que verdaderamente tiene el lienzo citado.

SIGLO XVI.

CUESTA (JUAN DE LA).

No faltaron maestros de primera enseñanza notables durante el siglo XVI en que España llegó á alcanzar un grado de cultura superior á todo encomio, y al de todos los paises conocidos,
merced á la sabia política iniciada por los Reyes Católicos, de
feliz recordación.

Entre aquéllos maestros figura el con que encabezamos estas
líneas, natural de Valdenuño, que obtuvo lisonjeros y celebrados frutos en su profesión.

Escribió una obra que se denomina *Libro y tratado para en-
señar á leer y escribir brevemente*, impresa en Alcalá en 1589.

Ciertos principios que se desenvuelven en la pedagogía moderna presentándolos ó como una novedad ó como sustentados
por autoridades extranjeras en materia de enseñanza, los tenemos allí consignados. Tal sucede, por ejemplo, en la manera de
trasmitir los conocimientos mediante el sistema mutuo, cuando
dice:

«Todos los maestros de escuela que tuvieren copia de niños
para aprovecharlos mucho y para tenerlos muy reconocidos y
ser dueños dellos, y saber en el estado que cada uno está en su
ejercicio, y el aumento y crecimiento en que va, ó si se está
quedo y añudado; que es una cosa la más principal que el que
enseña puede tener para hacer lo que debe; ha de hacer tres ó
cuatro suertes y partes de los niños, y escoger de todos tres ó
cuatro niños, de los que más adelante están en su ejercicio, y
que hagan ventaja á los otros; y á estos tres ó cuatro niños en-
cargarles las tres ó cuatro partes ó cuadrillas de los niños de la
escuela, dándoles á cada uno diez ó doce niños á cargo, para
aprovecharlos y mirarlos, y entender lo que hacen.»

«Y el primero escogido de cada suerte tenga principal cuen-

4

ta de los tres ó cuatro segundos escogidos, para procurar y atender á su aprovechamiento, y para amonestarlos y avisarlos, que así mismo ellos tengan cuidado de los demás sus encomendados............»

No seguimos copiando por no alargar el asunto, pero sobre él discurre largamente; y sobre premios y castigos, lo mismo que la mayoría lo hace en los tiempos actuales. Como que todavía no se conocía el principio de *la letra con sangre entra*.

Debido indudablemente á su celebridad, su clientela era numerosísima, como él mismo asegura cuando añade en otra parte de su libro: «...... porque como es muy notorio, mi pupilaje ha sido siempre tan grande, que en ésta mi arte ha sido el más coiposo del reino, y de gentes muy principales, no solamente de esta comarca, sino de la corte, y de hijos de criados y oficiales de S. M., muy principales, y de todos los reinos de España; ....»

Debió ejercer su profesión en Madrid, si vale una nota puesta en su libro que dice:« Fecho en el estudio desta villa de Madrid.»

Leyendo el primer párrafo de esta pequeña biografía, entenderán acaso algunos de nuestros lectores que profesamos aquello de

«Como á nuestro parecer,
»Cualquiera tiempo pasado
»Fué mejor.»

Y no es así en absoluto; pero á los que abominan de lo antiguo nada más que por el hecho de serlo, debemos decirles que durante el siglo XVI estuvimos en algunas cosas á mayor altura que en la actualidad, y así se demuestra acerca de la primera enseñanza, que ahora incidentalmente nos ocupa, en que ser obligatoria era un hecho, mientras que hoy es poco menos que un problema puesto sobre el tapete (1).

Catalina García coloca á nuestro ilustre paisano entre los gramáticos de su tiempo, y como por entonces figuraron maestros que llegaron á alcanzar fama de buenos literatos, todo nos lleva á considerar que bien pudiera ser el mismo Juan de la Cuesta de que nos ocupamos, quien, llevado de su afición ó de su amor á la literatura, editara la obra siguiente:

«*Romancero general en que se contiene los romances que andan*

_____

(1)   Véase "Estudios sobre la grandeza y decadencia de España.—Los Españoles en Italia," por D. Felipe Picatoste.—Madrid.—1887.

impresos, ahora nuevamente enmendado y añadido.—Madrid, Juan de la Cuesta, 1604, en 4.°»

«*Id. id. añadido y aumentado por* Pedro Flores.—Madrid, Juan de la Cuesta, 1614, en 4.°»

Fué este romancero una de las fuentes á que acudió el señor Durán para formar el suyo, que ocupa dos tomos en la «Biblioteca de Autores Españoles» (1).

Como rectificable insertamos aquella suposición, que, aunque raro, no es difícil encontrar dos personas del mismo nombre y apellido.

GALVEZ DE MONTALVO (LUIS).

Pertenece Montalvo á aquella lucida pléyade de literatos que tanta honra y gloria dieron á España durante el siglo xvi.

Como literato le consideraremos, ordenando al efecto notas que hemos podido recoger esparcidas por diferentes lugares referentes todas á ese aspecto de su vida. Nada de la privada, ni ciertas particularidades que tan bién sientan en esta clase de trabajos podemos ofrecer á nuestros lectores, á pesar de nuestra diligencia, y de apelar á cuantos recursos nos ha sido posible.

Nació en Guadalajara, según el testimonio de los historiadores Torres y Núñez de Castro y el de los cronistas de la provincia Catalina García y Escudero. También en el catálogo de los autores que se citan en el «Laurel de Apolo» (2) de Lope de Vega se hace la misma afirmación, si bien en estos dos últimos lugares se dice que, según otros, nació en Antequera; pero nos atenemos á los primeros que nos parecen más concluyentes.

Es verdaderamente lamentable que en otros tiempos no se hayan ocupado de estas cosas con que los hijos de Guadalajara y su provincia quedaran, como dice Torres, conocidos de propios y extraños; pero ya que no se hizo así procuremos remediar en parte lo pasado, aunque no sea tan fácil el remedio.

(1) Véase el tomo 2.° de este romancero, pág. 684.
(2) «Biblioteca de Autores españoles», tomo XXXVIII.

El mismo Torres, que vivió en tiempos más cercanos al de nuestro biografiado, se limita á decir de este que «fué lucido ingenio, como lo demuestra aquel libro celebrado que hizo de *Pastor de Filida*, donde debajo de la corteza de rústicos pastores disfrazó grandes señores de Guadalajara.»

Esta costumbre de ocultar bajo anagramas más ó menos ingeniosos los de personas reales, era muy generalizada entonces, como lo hizo también Cervantes en su Galatea, primer parto formal de tan esclarecido ingenio. Allí, bajo los nombres de Meliso, Tirsi, Damon, *Siralvo*, Lauso, Larsileo y Artidoro, se ocultan los de D. Diego Hurtado de Mendoza, Francisco de Figueroa, Pedro Lainez, *Luis Galvez de Montalvo*, Luis Barahona, D. Alonso de Ercilla y micer Andrés Rey de Artieda; como en la obra de Montalvo se ocultan él mismo, el duque del Infantado y Cervantes, que nosotros sepamos.

El citado *Pastor de Filida* es lo que ha dado renombre á Montalvo, cuya obra se imprimió en Madrid en 1582 y de ella se hizo otra edición en 1590.

Es el *Pastor de Filida* una novela pastoril, género que se había hecho muy de moda en todas las naciones cultas de Europa. La de Montalvo merece especial distinción «no tanto por sus dudosas bellezas, como por la influencia que pudo ejercer el ejemplo del autor sobre la resolución que tomó su amigo Cervantes de ensayar su pluma en una composición bucólica» (1) Dice esto porque la Galatea se publicó después del *Pastor de Filida*, y en esta debió inspirarse Cervantes.

El moderno juicio crítico que acabamos de transcribir, se opone algún tanto á otros que hemos logrado coleccionar y que ponemos á continuación.

D. Adolfo de Castro, hablando de un poeta portugués, Gregorio Silvestre, dice que desde Lisboa, su patria, pasó á Granada donde recibió educación y trató cariñosamente á poetas tan *ilustres* como D. Diego Hurtado de Mendoza, entre otros, y *Luis Galvez de Montalvo*.

Lope de Vega, respondiendo á una carta de «un señor de estos reinos en razon de la nueva poesía», dice que «concurrieron en aquel tiempo en aquel género de letras algunos *insignes* hombres, que quien tuviese noticia de sus escritos, sabrá que merecieron este nombre: Pedro Lainez, el Excmo. Sr. Marqués de Tarifa, Hernando de Herrera, *Galvez Montalvo*, Pedro de Mendoza».

---

(1) «Vida de Cervantes». Tomo I de la «Biblioteca de Autores españoles».

El mismo Lope en su «Laurel de Apolo,» silva IV, dice:

«Y que viva en el templo de la fama,
Aunque muerto en la puente de Sicilia,
Aquél *Pastor de Fílida* famoso,
Galvez Montalvo, que la envidia aclama
Por uno de la délfica familia,
Dignísimo del árbol victorioso,
Mayormente cantando,
En lágrimas desechos:
«Ojos á gloria de mis ojos hechos.» (1)

En la misma composición, Lope de Vega compara las coplas castellanas con el verso grave, al cual las primeras no pueden llegar, pero

«......después de ser puras y llanas,
«Son de naturaleza tan suave,
Que exceden en dulzura al verso grave,
En quien con descansado entendimiento
Se goza el pensamiento,
Y llegan al oido
Juntos los consonantes y el sentido,
Haciendo en su lección claros efetos,
Sin que se dificulten los concetos».

«Así Montemayor las escribía,
Así *Galvez Montalvo* dulcemente,
....
....»

En la *Galatea*, libro VI, hay un *Canto Calíope* donde, entre otras cosas, se consigna lo siguiente:

«¡Quién pudiera loaros, mis pastores
Un pastor vuestro, amado y conocido,
Pastor mejor de cuantos son mejores,
Que de *Fílida* tiene el apellido!
La habilidad, la ciencia, los primores,
El raro ingenio, el valor subido,
De *Luis de Montalvo* le aseguran
Gloria y honor mientras los cielos duran.»

Sin embargo de esto, ó acaso por esto mismo, no le cita Cer-

---

(1) Don José María Escudero dice que también fue alabado Montalvo por Lope en su «Panegírico de San Isidro Labrador», pero nosotros no lo hemos visto confirmado.

vantes en su «Viaje al Parnaso,» entre bastantes que allí son los los alabados.

Prescindimos de un soneto laudatorio de Pedro de Mendoza, por no alargar el asunto.

Si bien en aquéllos tiempos era costumbre alabarse recíprocamente los autores, como lo demuestran las composiciones panegíricas con que se encabezaban las obras, (1) costumbre que luego ridiculizó Cervantes en las primeras páginas de su famoso *Don Quijote*, la unanimidad con que varios, antiguos y modernos, convienen en las alabanzas, prueban que éstas son justas y que figuraba como escritor á la cabeza de los que brillaron en su tiempo. Entre los novelistas alcarreños, es el primero.

Torres le llama el *Licenciado* Gálvez de Montalvo; y como era amigo de Cervantes, suponemos nosotros que se licenciaría en Alcalá, donde á la sazón residiría, é hizo sus estudios también el Fénix de los ingenios españoles; con que la amistad de tan distinguidos escritores tuvo su origen en los claustros universitarios de la célebre universidad complutense.

Aunque por los apellidos parece pertenecía á alguna hidalga familia de esta tierra, debía ser á semejanza de la de Don Quijote ó algo menos, por cuanto que se acogió á la sombra de la poderosa casa de Mendoza, uno de cuyos miembros, D. Enrique de Mendoza y Aragón, hijo segundo del 4.º duque del Infantado, fué su Mecenas; cuya protección, tanto como sus propios méritos, suponemos nosotros sería causa de que pudiera llamársele Caballero de la orden de San Juan de Jerusalém. Lo que no hemos podido comprobar es que perteneciera á la de *San Jerónimo*, como afirma D. José María Escudero.

Además del «Pastor de Fílida», de cuyas dos ediciones hemos dado cuenta, escribió «El llanto de San Pedro», traducido

---

(1)   La *Galatea* va precedida de un soneto de Montalvo, que dice:

> «Mientras del yugo sarraceno anduvo
> Tu cuello preso y tu cerviz domada,
> Y allí tu alma al de la fé amarrada
> A más rigor, mayor firmeza tuvo,
>   Gozóse el cielo; mas la tierra estuvo
> Casi viuda sin tí; y desamparada
> De nuestras musas la real morada,
> Tristeza, llanto, soledad mantuvo.
>   Pero después que diste al patrio suelo
> Tu alma sana y tu garganta suelta,
> Dentre las fuerzas bárbaras confusas,
>   Descubre claro tu valor el cielo;
> Gózase el mundo en tu felice vuelta,
> Y cobra España las perdidas musas».

en redondillas de la obra de Tansilo, (1) y empezó á traducir la *Jerusalem* del Tasso. Estos trabajos los realizó durante su viaje á Italia, donde murió en 1591, *en la puente de Sicilia*, según indicaciones anteriores.

Terminaremos dando á conocer algunos fragmentos de su obra principal.

Aquello que cita Lope en su Laurel «Ojos á gloria de mis ojos hechos» es el principio de una composición en octavas reales, que termina de esta suerte:

«Al revolver de vuestra luz serena,
Se alegran monte y valle, llano y cumbre;
La triste noche, de tinieblas llena,
Halla su día en vuestra clara lumbre;
Sois, ojos, vida y muerte, gloria y pena;
El bien es natural, el mal costumbre;
No más, ojos, no más, que es agraviaros;
Sola el alma os alabe con amaros».

***

«Pastora, tus ojos bellos
Mi cielo puedo llamallos,
Pues en llegando á mirallos,
Se me pasa á ellos».

***

La canción, cuyo fragmento sigue, es como una lamentación de su mala fortuna en amores. Dedúcese de ella que estaba enamorado de una dama, y que ésta, esquiva, no le correspondió, mandándole, sin duda, que se quitara de su presencia.

Por eso dice Montalvo:

«Húyome de vos agora,
Aunque decirlo es afrenta;
Mas si vos quedais contenta,
Iré pagado, señora,
Sin derramar más querellas;
Que en su mayor fundamento
Las ha de llevar el viento,
Y á mí la vida tras ellas».

---

(1) Está inserta esta obra en la «Biblioteca de Autores españoles», tomo XXXV, pág. 253.
También figura en la «Primera parte del Tesoro de divina poesía, donde se contienen obras de devoción de diversos autores», recopiladas por Esteban de Villalobos, Toledo, imp. de Juan Rodriguez, 1587. (B. de D. Francisco A. Barbieri.) Se hicieron varias ediciones. Una pertenece al año 1604.

GÓMEZ DE CIUDAD-REAL (ALVAR).

Alvar Gómez de Ciudad-Real nació en Guadalajara el año 1488. Era de noble prosapia, pues su abuelo el bachiller Alvar Gómez de Ciudad-Real fué Secretario de los reyes D. Juan II y D. Enrique IV, Alcalde mayor de la ciudad de Toledo y señor de San Silvestre, Olnillas, Torrejón de Velasco y Maqueda, que trocó por el señorío de Pioz, el Pozo, Atanzón y Yélamos de Arriba, que pertenecía al entonces obispo de Sigüenza, y después Gran Cardenal de España, D. Pedro González de Mendoza. Casó con una señora caracense llamada Catalina Vázquez, y desde entonces consideró al pueblo natal de su esposa como el suyo propio, y le miró con particular interés, y en él vivió y murió, siendo sepultado en una capilla que fundó en el convento de San Francisco. (1)

Su hijo segundo y sucesor, Pedro Gómez de Ciudad-Real, contrajo matrimonio con D.ª Catalina Arias, (2) hija de Pedro Arias Dávila, fundador de las casas de los Condes de Puñoenrostro, y de este enlace nació en Guadalajara, el año 1488, el Alvar Gómez de quien vamos á ocuparnos, y de cuya vida tenemos algunas noticias contradictorias, pues al paso que Núñez de Castro manifiesta que desempeñó el cargo de gentil-hombre de boca de los Reyes Católicos D. Fernando y D.ª Isabel, supone Bárcia en su *Diccionario Etimológico* que fué paje del Emperador Carlos V, á quien después sirvió de Embajador.

La primera afirmación no nos parece verosimil por ser muy joven Alvar Gomez en aquella época, si es cierta la citada fecha de su nacimiento, y la segunda no es tampoco admisible por una razón contraria, pues á la venida de Carlos V á España tendría nuestro biografiado de 28 á 29 años de edad.

También dice el último de los autores citados que Alvar Gómez se graduó en ambas facultades á los 18 años; abrazó luego la carrera de las armas y pasó á Italia, haciendo la campaña

(1) El magnífico mausoleo de alabastro del bachiller Alvar Gómez, con estátua yacente, desapareció después de la exclaustración de los frailes.
(2) Pedro Gómez y D.ª Catalina Arias fundaron el monasterio de la Concepción, cuya iglesia mandaron labrar sus nietos Pedro Gómez de Mendoza y D.ª Catalina de Zúñiga, su mujer. La casa solariega de los Gómez de Ciudad-Real estaba frente á este convento, en el lugar donde hoy se halla la Casa—Palacio de la Diputación provincial.

de Nápoles en 1506 y la de Toscana en 1512. Fué herido en la batalla de Pavía, (1) y se retiró del servicio militar consagrándose por completo al cultivo de las letras.

En ellas se distinguió como poeta de ingenio ameno y fecundo, escribiendo unas veces en lengua vulgar y otras en latín, según la costumbre de aquellos tiempos.

Casó con D.ª Brianda de Mendoza y Luna, hija natural de D. Diego Hurtado de Mendoza, tercer duque del Infantado. Murió el año 1538.

Sus obras principales son:

«Las siete elegías sobre los siete salmos penitenciales». (*Alvari Gomez Domini oppidorum de Pioz, et Atanzon, etc., in Carpetania Septem Elegiæ in septem pœnitentiæ psalmos*). Esta obrita fué impresa en Toledo, en la imprenta de Juan Ayala, el día 4 de Enero de 1538; la publicó Alejo Vanegas, y en alabanza lleva insertos unos versos latinos de Lúcas Cedillo: consta de 36 páginas en 8.º

«El Vellocino dorado». (*Albari Gomez: de Militia principis Burgûdi quâ velleris aurei vocant ad Carolû Cæsarê eiusdê militiæ prîcipê libri quîque; ad magnum item Philippûn innêtutis principê in eiusdê velleris locos obscuriores Alexif Vanegas brevis euneleatio*).— También impresa en Toledo, en la misma imprenta que la anterior, el día 20 de Noviembre de 1540. (72 hojas de letra gruesa, en 8.º) Contiene una dedicatoria de Pedro Gómez de Mendoza, hijo del autor, á Cárlos V; otra de Alejo Vanegas al príncipe D. Felipe y unos versos latinos de Erasmo de Roterdam.

Una traducción de este libro se hizo el año 1546 con el siguiente título:

«El Vellocino dorado: y la historia de la ordê del Tuson que primero compuso en verso Latino Alvár Gomez señor de Pioz zc. Traducido agora nuevamente en muy elegante prosa Castellana por el Bachiller Juan Bravo, maestro de los pajes de la Emperatriz nra. señora».

«Theologica descritiô de los misterios sagrados: partida en doce câtáres poeticamête côpuesta en metro castellano por Alvar gomez señor d' las villas d' Pioz y Atâçô zc.—Dirigida por dô Pero gomez d' Mêdoza señor de las dichas villas su hijo al illustrísimo señor dô Juâ Tavera presbytero Cardenal.... Arçobispo d' Toledo..,.»—Este libro, que se halla en la Biblioteca Nacional, se acabó de imprimir el día 8 de Octubre de 1541. Tiene 56 hojas, en 4.º

(1) Esta circunstancia se halla confirmada por D. Felipe Picatoste en *Los Españoles en Italia.*

«Sátiras morales, en arte mayor, y redondillas».—Se publicó esta composición en la *Primera parte del Thesoro de divina
poesia*, recopilado por Esteban Villalobos, é impreso el año 1587,
del cual se hicieron varias ediciones.

Escribió también: «Thali Christia», «Musa paulina», «Pro-
verbia salomonis», «De profligatione bestiarum», y tradujo en
verso castellano algunas poesías de Tasso y de otros poetas italianos.

GUZMÁN (NUÑO BELTRÁN DE).

Nació en Guadalajara. Así lo dan á entender Núñez de Castro y Torres. Estos testimonios no son concluyentes, porque
tanto para uno como para otro autor, lo natural y lo oriundo,
según hemos observado en otros casos, son palabras de signifi-
caciones absolutamente iguales. Acaso fueran sus propósitos
confundirlas en una denominación común, pero dilucidar esto
no nos proponemos ahora. Núñez llega hasta el punto de llamarle en una parte de su Historia Francisco Beltrán y en otras
Nuño. Los citados autores, y otros que se ocupan de la entrada
de Francisco I de Francia en Guadalajara, prisionero en la batalla de Pavía, dicen que el Sr. Hernando de Alarcón, marqués
de la Vala Siciliana, Gregorio Lezcano, Alférez, Gomez Suarez
de Figueroa y Hernando de Figueroa, capitán, que acompaña-
ban al susodicho Rey, custodiándole, eran de Guadalajara, y los
dos últimos, hermanos de Nuño. Gómez Suarez de Figueroa,
Capitán general en Italia y Embajador en Génova, está además
enterrado en la sacristía mayor de Santa María de esta ciudad,
panteón que todavía subsiste, perteneciente á la familia de
nuestro biografiado. Por todas estas circunstancias relaciona-
das, y otras que indicaremos más adelante, no dudamos en con-
siderarle como hijo de Guadalajara.

Determinar la fecha de su nacimiento no es empresa fácil,
porque los libros bautismales de las parroquias, fuente segura
á donde se podría acudir, no se llevaban en aquéllos tiempos.
Sin embargo, por los cargos que posteriormente desempeñó,
~uede fijarse á principios del siglo XVI.

Vacilábamos entre incluirle ó no en esta colección, y no es la naturaleza de Nuño lo que nos hacía vacilar; es que el moderno historiador de América, Riva Palacio, á quien hemos consultado (1), nos le pinta tan determinantemente sombrío, que sería empresa superior á nuestras fuerzas combatir cuanto de malo le atribuye. Considerando, sin embargo, que puede haber mucho de apasionamiento, nos decidimos por fin á presentarle á nuestros lectores, dejando al ilustrado criterio de cada uno de ellos que juzgue acerca de la bondad ó malicia de nuestra determinación.

De su niñez no podemos decir nada. No empieza á significarse, saliendo de la oscuridad en que yacía, como otros muchos que después se hicieron célebres en aquella legendaria serie de conquistas, realmente ciertas aunque parezcan cuentos de las mil y una noches, hasta que cuando se determinó que Cortés fuera residenciado, proveyóse también que fuera por Gobernador del Pánuco Nuño Beltrán de Guzmán.

En 20 de Mayo de 1528 llegó á dicha provincia, desembarcando en Santi-Esteban del Puerto, procedente de la isla Española «en donde era encomendero, sin tener antecedentes que le abonaran, ni como hombre de gobierno, ni como soldado, etcétera» (2).

¿Cómo se encontraba en Cuba por aquéllos tiempos nuestro biografiado? Probablemente habría ido allí movido á impulsos de su deseo de hacer conquistas, exaltada su imaginación por las relaciones que de allí venían desde que Colón en 1492 hizo su descubrimiento.

Nos llama verdaderamente la atención que Riva Palacio empiece desde luego que se ocupa de Nuño, á usar de un lenguaje *sui géneris*, aplicándole á cada paso los calificativos más duros de la lengua castellana, lenguaje no empleado con otro alguno, y nos va á permitir dicho señor que intentemos refutarle.

---

(1) Los primeros historiadores de Indias, como Gómara y Bernal Díaz del Castillo, testigo presencial de la conquista de Cortés, no detallan tanto. Solís, que vino después, siguiendo á Bernal, no dice casi nada.

Los modernos, tomando como base las anteriores historias, las relaciones de testigos presenciales y los «Documentos inéditos de Indias,» se extienden en más detalles; y así se comprende que nosotros hayamos podido confeccionar esta biografía.

(2) Torres, que dedica á este paisano nuestro unas cuantas líneas, dice: «Nuño Beltrán de Guzmán, hermano del general Suarez de Figueroa, fué caballero de gran valor como lo mostró en todas las ocasiones del emperador D. Carlos; y por la mucha satisfacción que tuvo de su persona, le proveyó por Presidente y Gobernador de la Nueva España, sucediendo al famoso Hernán Cortés, y de Capitán general y Gobernador de la provincia del Pánuco, donde hizo grandes descubrimientos.»

Hemos copiado estas palabras de Torres, en contraposición á las citadas de Riva Palacio.

Ser encomendero prueba que no era persona desprovista de significación. ¿Qué antecedentes tenían Pizarro, Almagro, que ni siquiera sabían leer ni escribir, aunque esto era algo más frecuente que en los tiempos actuales, y el mismo Hernán Cortés, antes de hacer sus tan renombradas conquistas?

Convengamos en que individualmente no hubiera hecho proezas que le distinguieran, pero también sabemos que en aquellos tiempos bastaban los antecedentes de familia para considerar digno á cualquiera de ocuparse de la cosa pública, perteneciendo á uno de los organismos del Estado. La familia de Nuño era de la nobleza, según hemos indicado someramente al principio de esta biografía. Por tanto no debe asombrarnos que á Nuño le nombraran Gobernador del Pánuco.

Deja entreverse la idea así como de que era un aventurero. ¿Y qué? Aventureros fueron todos aquellos valerosos capitanes que sin miedo á la inmensidad del Occéano, ni á los bosques, ni á las selvas completamente inexploradas, atravesaban el uno y se internaban en los otros, en busca de gloria los unos, y desgraciadamente movidos por la codicia casi todos, sin exceptuar á Cortés. (1) Menos Colón, cuyo poderoso genio vislumbró lo que después fué una realidad, y marcó la ruta á los que habían de sucederle en el descubrimiento y conquistas de los territorios americanos, todos fueron aventureros en el buen sentido de la palabra.

Cuando se escribe con prevención se vé la paja en los ojos de algunos y no se vé la viga en los ojos de otros, según nos enseña el refrán.

Bernal Díaz, hablando de Nuño de Guzmán, dice "que había dos años que vino de Castilla por Gobernador de la provincia del Pánuco„ pero Riva, que es á quien principalmente seguimos por contener más detalles, fija la fecha que anteriormente hemos citado, y la de 21 de Diciembre de 1529 como salida de Méjico para las conquistas de Nueva-Galicia, en cuyo periodo pasó Nuño de Guzmán por la gobernación del Pánuco y por la Audiencia de Méjico.

Durante su gobernación fué independiente del resto de lo conquistado; mas debido á su carácter belicoso é inquieto, queriendo extender sus dominios á costa de los colindantes, hacía frecuentes irrupciones, sin exceptuar los territorios mejicanos, de los cuales era gobernador Cortés, como digno premio á su

---

(1) Algunos fueron con miras más altas. Díganlo sino Las Casas, Sahagún y tantos otros célebres monjes. Entre estos debemos contar á nuestro paisano Fr. Gonzalo Méndez, fundador de la provincia religiosa de Guatemala.

conquista; si bien por aquellos tiempos, debido á circunstancias
que no son del caso reseñar, Méjico pasaba por un estado anárquico, originado tanto por la imprevisión de Cortés, que se lanzó á una expedición lejana preñada de dificultades, como á los
apetitos de mando y de codicia de aquellos á quienes encomendó el cuidado de la colonia. Estas irrupciones le valieron á Nuño la enemistad de Cortés, y establecerse entre los dos una lucha sorda y peligrosa en la que fué vencido nuestro paisano,
como después veremos. Por otra parte, no nos deben extrañar
tales hábitos belicosos, atendiendo á la época aquella tan gue-
rrera, tan dada á medir las armas con el contrario por un quíta-
me allá esas pajas, como vulgarmente se dice.

De tanta importancia fueron los sucesos que se verificaron
en Méjico durante la expedición de Cortés á las Hibueras, que
es á la que antes nos hemos referido, que comprometieron la colonia y la obra de la conquista de los españoles, según afirma
Riva Palacio.

Para arreglar estos asuntos se dispuso la creación de una
audiencia en Méjico, nombrando por presidente de ella á Nuño
de Guzmán.

Cuando llega á este punto dice Riva hablando de Nuño "......
el aborrecible gobernador del Pánuco, enemigo de Cortés y
quizá el hombre más perverso de cuantos hasta entonces habían pisado la Nueva-España„. Contra estos calificativos tan
duros, como no los hemos visto empleados contra ninguno,
aducimos el testimonio de Bernal Díaz del Castillo, capitán y
amigo de Córtes y su compañero de conquista, que si bien re-
conoce que en el Pánuco se cometieron algunas tropelías, hijas
de aquellos tiempos y comunes á muchos, no las da tanta importancia, y dice de Nuño que era franco y de noble condición. (1)

Y añadimos además que, bien sea por sus condiciones personales ó por que dado el estado tan anárquico de la colonia
miraran en él á su salvador, es el caso que en Méjico se le hizo
un recibimiento entusiasta sobre toda ponderación, pues hasta
se levantaron arcos triunfales en la carrera que había de seguir.

Estimamos nosotros que debía poseer la confianza de los
que manejaban los asuntos de la India, y aún del mismo Rey,

_____

(1) Su historia, cap. CXCVI.
    D. Alfredo Chavero, autor del primer tomo de "México á través de los siglos„, en
la "Introducción„, que es fuente copiosísima de datos bibliográficos, hablando de Bernal Díaz del Castillo y de su historia dice, entre otras cosas, lo siguiente: "Es además
un narrador honrado y verídico; su ingenuidad se revela en todas sus páginas, y su
relato puede tomarse por la verdad misma„.

cuando le confirieron la presidenqia de la primera audiencia que en Méjico se estableció.

Encargóse tanto á los oidores como al presidente, que así que tomaran posesión de sus cargos, lo hicieran también de la residencia á Cortés, á sus tenientes y á sus oficiales reales. A Nuño se le encargaba especialmente que cuidara de la conversión, instrucción en la fé católica y un buen tratamiento de los indios.

Su paso por la presidencia fué rápido, y á pesar de todo son tantos y de tal naturaleza los cargos que se le acumulan, que parecen increibles. No los negaremos en absoluto, porque hemos dicho y repetiremos hasta la saciedad que de ciertas cosas no se libraron ni áun los más prudentes, pero algunos son rebatibles. Entre ellos cuenta Riva Palacio que Cortés y todos sus amigos fueron principalmente objeto de las iras de Nuño durante su estancia en la presidencia. Bernal Díaz, por el contrario, en su historia "Conquista de Nueva España,, dico, hablando de Nuño y de los oidores: "...... por otra parte eran tan buenos para todos los conquistadores y pobladores que nos daban de los indios que vacaban......,, (1)

Y más adelante añade, diciendo de algunos que eran aficionados á las cosas de Nuño de Guzmán: ". .... y tenían razón, porque ciertamente nos hacían más bien y cumplían algo de lo que S. M. mandaba en dar indios que no Cortés, puesto que los pudiera dar muy mejor que todos en el tiempo que tuvo el mando; mas, como somos tan leales los españoles, por haber sido Cortés nuestro capitán le teníamos afición, más que él tuvo voluntad de nos hacer bien, habiéndoselo mandado S. M. cuando era Gobernador». (2)

Refiérese también de la Audiencia que impedía toda comunicación con España, como si Cortés no hubiera hecho otro tanto cuando lo creyó conveniente.

Estas medidas no fueron obstáculo para que Fr. Zumárraga, (3) (que llegó con la primera Audiencia con encargo especial de mirar por los indios, pero que encontró medios de inmiscuirse en todos los asuntos públicos de la colonia) y los religiosos de San Francisco se comunicaran con la metrópoli, á donde llegaron variadas relaciones, que hoy pueden leerse en los «Documentos inéditos de Indias», pintando el lastimoso estado de la colonia, influyendo de tal manera en el ánimo de

---

(1) Cap. CXCVI.
(2) Cap. CXCVI.
(3) Después fué obispo de Méjico.

Carlos V que se decidió el nombramiento de un virrey (1) y de nuevo personal para la Audiencia.

En descargo de Nuño podemos afirmar que Zumárraga era parcial de Cortés, intrigante y amigo de inmiscuirse en más de lo para que había sido autorizado. Ni él, ni los religiosos de San Francisco de Méjico, fueron entonces modelo de prudencia y caridad, no pretendiendo con esto desprestigiar á las órdenes religiosas, quienes cumplieron con su veneranda y santa misión.

El mismo Riva Palacio, haciendo consideraciones sobre la segunda Audiencia, que cumplió mejor con su cometido, presenta al obispo Zumárraga como centro activo de oposición contra el poder civil, bien, dice, "porque hubiera exasperado su ánimo la lucha que sostuviera con la primera Audiencia, ó porque su carácter le hiciera más amigo de las violencias que de las prudentes medidas., Entendemos, pues, que Zumárraga, testigo de mayor excepción, fué juez apasionado de los actos de Nuño de Guzmán como presidente de la primera Audiencia.

Así que supo Nuño de Guzmán la determinación de mandar Virrey y nuevo personal para la audiencia, antes de llegar los nuevamente nombrados, emprendió la conquista de los chichimecas, "más que por ambición y codicia, por encontrar un honroso motivo que le sirviera de pretesto para alejarse de Méjico,, dice Riva Palacio.

Salió de esta capital el día 21 de Diciembre de 1529, con un ejército de 200 peones, 150 jinetes, 12 piezas de artillería, 8.000 indios aliados y gran copia de municiones y víveres. Tomó además 9.000 pesos de las cajas reales y obligó á muchos vecinos de Méjico á contribuir con armas, á algunos con caballos y á otros, en fin, á afiliarse armados bajo sus órdenes.

Con estos elementos emprendió la conquista de un territorio que, si no le dió tanto renombre como á otros conquistadores, cúlpese no tanto á los medios que puso en práctica para llevarla á cabo, cuanto á la fortuna, dama veleidosa que prodiga sus favores á ciegas; conquista que tuvo grande importancia por la extensión territorial (2) y por el crecido número de vasallos que agregó á la corona de España, conquista donde demostró que tenía condiciones de mando y valor personal, que valor se necesita para arrostrar las dificultades mil que se le presentarían

---

(1) Fué nombrado D. Antonio de Mendoza, hijo del primer Conde de Tendilla y sobrino por consiguiente del Gran Cardenal. Nació D. Antonio en Valladolid y no en Guadalajara, como supone Torres.
(2) Según trabajos modernos de los oficiales de E. M. de aquél país, el derrotero que proximamente siguió Nuño, suma 404 leguas.

en una campaña de esa naturaleza, donde peligró su vida, pues daba el ejemplo en los combates, y donde, según López Gómara, capellán de Hernán Cortés, "Día le vino de pelear con veinte mil; mató también él y cautivó asaz indios„. (1)

Y sin embargo, en esta campaña es comparado Nuño con Atila capitaneando aquéllas hordas que se derramaron por las fértiles campiñas de Italia, sin tener en cuenta que el repetido Bernal Díaz, que vivió cuando aquellos sucesos, dice en su Historia que "Nuño de Guzmán fué á poblar una provincia que se dice Xalisco, é acertó en ello muy mejor que no Cortés en lo que envió á descubrir.„ (2)

En otra parte de su Historia manifiesta Riva Palacio: "No ha faltado quien pretenda pintar á Nuño de Guzmán como un héroe, ponderando su conquista de la Nueva-Galicia; pero sus contemporáneos, (ya hemos visto lo que dice uno de ellos, Bernal Díaz) como el obispo Zumárraga (también hemos dicho quien era este señor) y la posteridad, condenan su memoria y execran su nombre».

Nos parece que Riva Palacio tenía el propósito de encontrar á todo trance reprobables todos los actos de Nuño Beltrán de Guzmán, sin conceder el menor mérito á ninguno de ellos, porque en otro lugar añade que "la conquista de Nueva-Galicia tenía que llegar naturalmente, hubiera ó no tenido Nuño de Guzmán el gobierno de México, porque una ley histórica exigía la invasión y conquista de los pueblos bárbaros por las colonias civilizadas, so pena de que la invasión de esos pueblos hubieran hecho desaparecer las colonias.„

Esto último se nos alcanza que está bien dicho; pero lo primero no sabemos á que fin viene, porque repitiendo el argumento, si es que es argumento, diremos nosotros: hubiera ó no existido Colón, el descubrimiento del nuevo mundo se hubiera hecho; hubiera ó no existido Cortés, la conquista de Méjico se hubiera hecho también, y lo mismo decimos de Pizarro y de Almagro y de Magallanes, etc., etc. ¿Qué falta nos ha hecho Gregorio XIII para la corrección gregoriana del calendario? Si no él, otro lo hubiera corregido. Gutenberg descubrió la imprenta ¿Y qué? Si no hubiera sido él, otro la hubiera descubierto. Y así podríamos continuar.

También dice, pretendiendo aminorar la importancia de la conquista, que esta campaña de Nuño, casi debe considerarse

_____

(1) Historiadores primitivos de Indias.—1.ª y 2.ª parte de la Historia general de Indias, por D. Francisco López Gómara.—Xalisco, págs. 286 y 287,
(2) Cap. CXCVI.

como un paseo militar, audaz y afortunado. Si esto fuera absolutamente cierto, no hubiera dado motivo para que los escritores de aquellos tiempos emplearan su inteligencia describiéndola, como lo verificaron Pedro de Carranza, en su *Relación de la jornada de Nuño de Guzmán*; Mota de Padilla, en su *Historia de la Conquista de Nueva-Galicia*, y otros muchos que no citamos.

Entre los excesos que se le atribuyen á Nuño de Guzmán en esta campaña figura el martirio y muerte que dió al cacique Caltzontzin de Michoacan, y siguiendo nuestro sistema de comparaciones, diremos que Cortés, en su expedición á las Hibueras, dió muerte también á Cuanhtamoc.

El mismo Virrey Mendoza, ¿no hizo un acto de horrible crueldad matando gran número de negros á consecuencia de haber descubierto una conspiración fraguada por ellos?

¿Por qué, pues, se fijan tanto en Guzmán, cuando muchas de las tropelías de la jornada de referencia débense á los indios aliados, y que Nuño no pudo evitar, según propias declaraciones de Riva? Esta es la única defensa que hace de él, y como tiene una contradicción que también favorece á nuestro paisano, vamos á consignarla.

Hablando de conquistas dice que "el Virrey Mendoza, á pesar de su reconocida prudencia y de su recto juicio, no quedó libre del contagio, y realmente no puede culpársele por ello, cuando tan rica y fácil presa se ofrecía á los ojos del primer Virrey de la Nueva-España, que por modesto que fuese, no dejaría de sentir el estímulo de las *grandes empresas llevadas á buen término por Hernán Cortés y Nuño de Guzmán*„.

Varias son las poblaciones que fundó, y muchos los nombres con que bautizó los diferentes sitios por que iba atravesando; pero entre las provincias conquistadas, tanto fué lo que agradó á Nuño la de Tzentiopac, por su fertilidad y población, que le puso por nombre Castilla la Nueva de la Mayor España. Este último le aplicaba Nuño á todas las conquistas que iba haciendo, en contraposición, sin duda, á la Nueva-España, nombre que se aplicó á las de Cortés, que hasta en estos detalles se da á conocer la emulación que existía entre los dos rivales.

Ni uno ni otro aprobó el Rey, y dispuso que á lo conquistado se llamase Nueva-Galicia y que se fundara por Capital una ciudad con el nombre de Compostela. Así lo hizo Nuño, pero Compostela, contra los deseos del Emperador, no pasó nunca de una reducida villa, mientras que Guadalajara cada vez fué creciendo en importancia. De esta última ciudad, por ser cosa que nos toca más de cerca, nos ocuparemos con alguna extensión.

Subdividida, en una de las ocasiones, la gente de Nuño de Guzmán, al mando de sus capitanes, Juan de Oñate quedó en la mesa de Nochistlan, y pareciéndole bien aquél sitio, según autorización que su hermano Cristobal había recibido de Nuño, fundó allí una villa á que llamó Guadalajara, opinando que este nombre sería grato á Guzmán, por ser natural de esta ciudad en España. Dióse principio á la fundación en 3 de Diciembre de 1530. (1)

Nuño de Guzmán tenía facultades para nombrar tres regidores perpetuos en cada una de las villas que poblase, y para Guadalajara nombró á Diego Vázquez, Juan del Camino y Juan de Albornoz. En la primera visita que hizo á la villa, que fué en 24 de Mayo de 1533, le pareció mal el asiento, y ordenó á Juan de Oñate que buscase otro mejor, que no menor interés debía inspirarle una villa que había de llevar por nombre otro igual al de aquella población donde había nacido.

Quísola fundar en Tlacotlan y hubo dificultades. Ultimamente se fundó en Tonalá. (2)

En una carta de Nuño de Guzmán al Rey, fechada en 10 de Marzo de 1534, se lee, entre otras cosas, lo siguiente: "..... así mismo la provincia de Tonalá, que yo conquisté y no otro ninguno, donde la villa de Guadalajara está fundada, y tenía repartida entre los conquistadores que la avían ayudado á ganar me desposeyeron della, y me tomaron mi hazienda y ganados, que en ella dexé, y la destruyeron y pusieron en ella un corregidor, informando á Vuestra Majestad de lo que les pareció, y no de lo que era la verdad; y después me restituyeron parte dello, y lo otro, que era poca cosa, desampararon; por donde yo continué mi posesión y á petición del Cabildo pasé la villa en la cabecera de Tonalá, por ser lugar más provechoso y á comodidad de los vecinos; ....,,

Carlos V, en 8 de Noviembre de 1536, concedió armas á la ciudad de Guadalajara. La real cédula extendida al efecto, dice después de las fórmulas de rúbrica: "..... e por la presente hacemos merced y mandamos que ahora y de aquí adelante, la dicha ciudad de Guadalaxara, haya y tenga por sus armas conocidas un escudo, y dentro del dos leones de su color, opuestos en

(1) Barcia, en su Diccionario, dice que fué fundada en 1551, pero nos atenemos á las fechas del texto. Puede, sin embargo, ser esta fecha la de su asiento definitive en Tonalá.

(2) Gómara dice Tonalla. Es frecuente ver ciertos nombres escritos de diferente manera, según se lean en Gómara, Bernal Díaz, Solís, Riva Palacio y sus coautores, ó ne la Colección de "Documentos inéditos de Indias.,,

salto, arrimadas las manos á un pino de oro realzado de verde, en campo azul, y por orla siete aspas coloradas y el campo de oro, y por timbre un yelmo cerrado, y por divisa una bandera verde con una cruz de Jerusalen, de oro, puesta en una vara de lanza con sus trasoles y dependencias e follajes de azul y oro, según que aquí van bien pintadas y figuradas ....„

Florecía tan rápidamente Guadalajara, que el año 1600 era sin duda, según el historiador tantas veces citado, por el número de habitantes, por la grandeza de sus edificios, por los conventos y fundaciones piadosas, la segunda ciudad de Nueva España, y una de las poblaciones más manufactureras. (1)

Hoy, Guadalajara, capital de Jalisco, según la describe Barcia, (2) es una ciudad grande y hermosa, bellísimamente situada, con 80.000 habitantes, universidad, buenos edificios, silla episcopal, establecimientos literarios y ricas minas de oro y plata en sus alrededores: sus rectas y anchas calles; sus espaciosas y simétricas plazas; sus lindísimas fuentes, que alimenta un acueducto de cerca de 14 millas de longitud; el elegante aspecto de sus casas y palacios y su armónico y agradable conjunto, colocan á esta población entre las primeras de América. Esta última palabra nos ha despertado: creíamos estar describiendo á Guadalajara la vieja.

Volvamos á nuestro biografiado.

Se acercaba el momento en que la estrella de Nuño, que no había brillado con esplendor, como si alguien estuviera interesado en velarla, había de eclipsarse por completo.

Así como la primera Audiencia llevaba como una de sus misiones residenciar á Cortés (3), la segunda llevaba la misma misión con respecto á Nuño; pero comprendiendo la importancia de la conquista que este se hallaba efectuando, bien aconsejada, demoraba el asunto. Los enemigos de Nuño, y entre ellos Cortés, que á la sazón se hallaba en la corte, consiguieron, sin embargo, que el Rey, en 17 de Marzo de 1536, nombrara como juez especial de residencia, y como gobernador de la Nueva

(1) En 1647 la pondera Torres únicamente con estas palabras: "Bien conocida por la iglesia catedral y obispos que goza.„
(2) Diccionario, tomo 8.°. pág. 688.
(3) Por cuando se hizo el nombramiento de Gobernador del Pánuco á favor de Nuño de Guzman se determinó también que Diego Colón, el Almirante, se embarcara para Veracruz, se hiciera cargo del gobierno de Nueva España y prendiera y matara á Cortés si hacía resistencia. Esto quedó sin efecto, y se nombró al licenciado Luis Ponce de Leon, para que tomara residencia á Cortés, misión que después fué confiada á la primera Audiencia, porque hay maliciosos que suponen que presentes de Cortés al Emperador, entre los cuales figuraba un magnífico cañón de plata, llegaron muy oportunamente. Después partió para la Corte, donde recibió el premio á sus servicios haciéndole Marqués del Valle y recibiendo otros lauros y preeminencias.

Galicia, al licenciado Diego Pérez de la Torre, natural de Extremadura, pariente y muy parcial de Cortés.

Nuño, que tenía amigos, supo algo de la llegada del visitador y de todo cuanto le preparaban sus enemigos. Sin embargo, presentóse al Virrey en Méjico.

. Bernal Díaz dice que el Virrey mandó llamar á Nuño «que viniese luego á Méjico sobre su palabra y le señaló por posada sus palacios, y el Nuño así lo hizo, que vino luego, y el Virrey le hacía mucha honra, y le favorecía, y comía con él. El licenciado Torres lo llevó á la cárcel á pesar de la oposición del Virrey, hasta que este rogó por él y le sacaron de la cárcel.» (1)

Refiérense, sin embargo, varias versiones acerca de cómo fué su prisión, que se verificó el 19 de Enero de 1537, en la que estuvo 25 días, según él mismo asegura. (2)

Por disposición del Consejo de Indias, fué remitido á España, y aquí estuvo preso algún tiempo, hasta que el mismo Consejo determinó que se redujera á Torrejon de Velasco, donde, esperando la resolución definitiva del proceso, murió en 1544.

Bernal dice que seguía á la Corte, lo que no se opone á que muriera en Torrejón.

La afirmación de Bernal la hallamos confirmada, pues en 2 de Octubre de 1542 pareció ante el escribano Lope Ruiz en Valladolid, con objeto de otorgar un poder en toda forma, como lo hizo, á favor de Melchor de Vivar, procurador en aquella corte para todos sus pleitos y causas civiles y criminales. Entre los firmantes aparecen Diego de Araniega y Francisco Sarmiento, criados de Nuño.

Este documento fué el principio de un pleito sostenido entre Nuño de Guzman y el Marqués del Valle (Hernán Cortés) sobre pago de 90.000 mrs., pleito que aun duraba en 6 de Marzo de 1544, lo que hace suponer que Nuño debió morir después de esta última fecha. (3)

Reasumiendo, diremos que Nuño de Guzmán es una de las personificaciones de aquel genio aventurero que distinguió á todos los que se ocuparon del descubrimiento, conquista y civilización de los antiguos territorios americanos; ni menos vi-

---

(1) Dicen algunos historiadores que el pensamiento de Nuño era embarcarse desde Méjico para Génova donde á la sazón se hallaba de Embajador su hermano Juan Juarez de Figueroa. Torres llama á este hermano, como dijimos antes, Gómez Suarez de Figueroa. Nos inclinamos á esto último por ser este apellido Suarez común en Guadalajara.

(2) "Documentos inéditos de Indias„ tomo XIII, pág. 450.

(3) Véase „Documentos inéditos de Indias„, tomo 30, cuaderno 1.º

cioso ni más virtuoso que los demás, y con el deseo de enrique-
cerse, como todos, aunque menos afortunado.

Se ha glorificado á Cortés, á Pizarro y á tantos otros. Deber
nuestro es glorificar particularmente á nuestro paisano, que al
lado del error suele caminar la verdad, y no es extraño ver en
amigable consorcio, dentro de un mismo indivíduo, aunque sea
una aberración del entendimiento, los grandes vicios con las
grandes virtudes, como si con lo bueno de las segundas quisiéramos neutralizar el mal efecto de los primeros.

Para concluir, haremos notar que Nuño tenía desarrollado
el sentimiento patriótico en alto grado: él bautizó con el nombre de Castilla la Nueva á una de las provincias conquistadas,
y fundó con el nombre de Guadalajara una villa, no de cualquier manera, sino que, padre solícito, la varió de sitio dos veces atendiendo á su mejoramiento.

LUCENA (LUIS DE).

En el año 1491 nació en Guadalajara este hombre ilustre.
La variedad y profundidad de sus conocimientos le hacen acreedor á ocupar un lugar preferente al lado de los caracenses más
notables, pues fué virtuoso sacerdote, afamado médico, gran
matemático, y «sin haber profesado la arquitectura, debe colo-
cársele entre los más distinguidos en ella» (1).

Fué cura de Torrejón del Rey; se graduó de doctor en artes
y medicina, y ejerció esta facultad en Tolosa de Francia, en cuya población escribió y publicó en 1523 una obra titulada: *De
tuenda præsertim á peste integra valetudine deque ejus remediis.*

Volvió después á España, y no tardó en abandonarla por segunda vez, dirigiéndose á Roma y captándose en la Ciudad
Eterna el aprecio y la consideración de los hombres más eminentes, y muy particularmente de los nobles ingenios que concurrían á una academia que celebraba sus reuniones en casa del
arzobispo Colonna y á la cual asistían también otros españoles
que merecían siempre el respeto de los sabios italianos.

(1) Llaguno y Amírola.—*Noticia de los arquitectos y arquitectura de España.*

Se trataba en tan docta academia con especialidad de asuntos referentes á la arquitectura, valiéndose los que allí concurrían de Jacobo Barozi de Vignola para que midiese y diseñase todas las antigüedades de aquella ciudad. En esta junta de sabios, entre quienes eran los principales Marcelo Cervini (creado Cardenal en 1539 y Pontífice en 1559 con el nombre de Marcelo II), Bernardino Máffei (Cardenal en 1549), Alejandro Manzuoli, Claudio Tolomei, Guillermo Philandro y propablemente también Miguel Angel, se distinguió mucho Lucena, como se infiere de una carta que le escribió Tolomei, al parecer desde Placencia, el año 1547.—«Me acuerdo—le dice—que en aquel tiempo en que nos aplicábamos á los libros de Vitrubio, nos dabas tú unas razones y reglas tan bellas, verdaderas y sutiles, que todos las aprovechaban y admiraban. Este recuerdo me obliga á preguntarte el medio de que se valdría Arquímedes, en su tiempo, para discernir la porción de plata mezclada con el oro en la corona votiva del rey Hierón.»

También tuvo Lucena amistad y frecuente comunicación con Philandro, y éste le cita con elogio varias veces en sus Comentarios á Vitrubio, diciendo una de ellas que su juicio era el que más le satisfacía, y que por tal razón le había elegido por único censor de sus obras, y copió, como la más perfecta, la explicación que á ruego suyo había hecho de la doctrina de los antiguos sobre el medio de duplicar el cubo (1).

Durante su prolongada residencia en Roma, desempeñó los elevados cargos de Médico y Penitenciario del Papa Pío V.

Otorgó testamento el día 5 de Agosto de 1552, ante Blás Covarrubias, y entre otras fundaciones piadosas y obras pías que dejó en la capilla construida á sus expensas, adjunta á la iglesia parroquial de San Miguel del Monte, en Guadalajara, instituyó y dotó una cátedra de Teología Moral.

La linda capilla edificada por Lucena, monumento artístico reproducido varias veces por la fotografía y el grabado, ha sido descrita por D. José J. de Lafuente (2) de la siguiente manera:

«Su fábrica no puede ser más caprichosa; asemeja á fortaleza por estar flanqueada su parte exterior de redondos cubos con agudos capulines, y ceñida de modillones casi arábigos con cornisa estalactítica que remeda los bélicos matacanes, revela en su decoración interior el gusto clásico florentino y el plateresco de 1540, con regulares frescos representando las virtudes cardinales que, si bien deteriorados, todavía se conservan».

(1) Amírola.
(2) *Reseña de las enseñanzas que existieron en Guadalajara.*

Murió Luis de Lucena en Roma el día 10 de Agosto de 1552, siendo sepultado en la iglesia de Nuestra Señora del Pópolo, donde tiene este epitafio:

D. O. M.

Ludovico Lucenæ Hispano, Valdalaxare orto,
Ingeniarum artium phisicæque rationis
Imprimis perito sibi et posteris Antonius
Nuñez fratris filino mœrens P. vix an. LXI.
Obiit IV id. augusti á partu Virginis MDLII.

Y en el circuito de la piedra, el siguiente:

Hic præter coeteras virtutes quibus longe aliis excelluit, hanc maxime coluit, ut omnibus asidue benefaceret, et neminem ob id sibi devinctum esse vellet.

Su busto adorna la fachada principal del palacio de la Diputación provincial de Guadalajara, y una calle de esta población lleva el nombre de tan exclarecido caracense.

El Sr. Llaguno y Amírola, en su obra titulada *Noticia de los arquitectos y arquitectura de España*, dice que «fué Lucena uno de los hombres que pudieron contribuir á la ilustración de su patria y á quien su patria no debe gratitud alguna.» Combatiendo esta afirmación un escritor ya citado, se expresa en los términos siguientes:

«Mas del hombre que, como perito en las ciencias médicas publicó una obra que mereció de sus contemporáneos justos elogios; del que, como notable arquitecto, levantó en su patria y á sus expensas la capilla contigua á San Miguel del Monte..... obra lindísima en su conjunto y verdaderamente monumental; del que, como virtuoso sacerdote, dejó en dicha capilla de su fundación numerosas obras pías y una cátedra de Moral, no puede decirse sin faltar á la justicia y al respeto debido á su veneranda memoria que nada contribuyó á la ilustración de su patria y que su patria no le debe gratitud alguna.» (1)

El Sr. Escudero en su *Crónica de la provincia de Guadalajara*, dice también que el Doctor Lucena «ilustró á Guadalajara solamente con su nacimiento, pues que de él no posee esta ciudad monumento alguno», pero esta apreciación es tan infundada y gratuita que el mismo autor la ha destruido completamente, antes de hacerla, con las siguientes frases estampadas en otro lugar de su libro:

«Luis de Lucena, de quien tendremos ocasión de hablar, fundó en esta iglesia (San Miguel) una suntuosa capilla, obras

---

(1) D. J. J. de la Fuente.—*Discurso leído en el Instituto provincial de 2.ª enseñanza de Guadalajara en la inauguración del curso académico de 1877 á 1878.* Apéndice núm. 1.

pías, capellanías y cátedra de moral, según lo expresaba una inscripción latina del año 1540, grabada sobre una columna que miraba á la calle.»

Vamos á aprovechar esta ocasión para dar algunas noticias acerca de la obra pía del Dr. Lucena.

Su actual deplorabilísima situación es debida á varias causas: colocamos en primer lugar la guerra de la Independencia, que produjo trastornos sin cuento en todos los órdenes de la vida, y las fundaciones de diversa índole correspondientes á muchos pueblos de la provincia así como la nuestra no habían de salvarse del naufragio por excepción. El libro de acuerdos particulares de la Junta superior de armamento y defensa correspondiente á 1811, dice que no se cobraban las rentas de estas fundaciones, y prueba hasta qué punto llegarían los abusos, que en 1820 el Gobierno superior trató de reorganizar estos asuntos de beneficencia, dictando al efecto las medidas oportunas.

Otra de las causas es la venalidad de los patronos. Desde 1842 en que sabemos administraba la de que nos ocupamos D. Julian Lopez Urbina, presbítero, los abusos se sucedieron sin interrupción. Sus mismos hermanos D. Crisanto; D. Manuel y D. Eladio, que se disputaron y aún disfrutaron por más ó menos tiempo la administración, dicen de él «que desmembró la mayor parte de los bienes de la fundación, pues redimió censos y vendió tierras, con otros escesos impropios de su clase», afirmándose en el voluminoso expediente que durante 8 ó 10 años se formó con este motivo, que estos hechos se hallaban plenamente probados por el número de testigos y por otras averiguaciones. Comprendemos ahora que D. J. Julio de la Fuente, en su «Reseña histórica de las enseñanzas que existieron en Guadalajara.....», al hablar de la capilla construida por Lucena adjunta á San Miguel, llamada después de *los Urbinas*, diga con razón sobrada que estos, sus patronos, *expoliaron sus cuadros*, enseres y hasta las puertas que como objeto notabilísimo de arte se dice figuraron en la exposición de Filadelfia, estropearon vandálicamente los sepulcros del fundador, de su sobrino el canónigo don Antonio Núñez y mutilaron bárbaramente sus estátuas. (1) Hoy está convertida la capilla en inmunda cuadra, y con extrañeza hemos visto un letrero pegado á las paredes de la misma donde dice *se vende*.

_____

(1) En dichos sepulcros se leían las siguientes inscripciones:
Gens sine consilio et prudentia, utinam saperes et intelligeres et novissimis tuis provideres.—Conditorium hoc, alterumque quod justa positum est, Ludovicus Lucenius qui hoc sacellum dedicavit, possuit sibi et suis posterisque eorum, anno á Christo nato MDXL.

Comprendemos también que D. Julián de Urbina estuviera procesado, que saliera de la carcel el 12 de Marzo de 1859 y que se susurrara entre la gente del pueblo que había estado preso por vender un cuadro de la citada capilla.

Reunir los objetos dispersos es imposible, pero parece que se trata de salvar lo poco que aún queda y darlo la aplicación que siempre debió tener. Decimos esto porque en el *Boletin oficial* de la provincia, correspondiente al 27 de Abril del presente año (1888), aparece una Real orden de la Dirección general de Beneficencia y Sanidad por la que se autoriza á la Junta de esta provincia para que, encargándose del patronazgo de la obra pía del Dr. Lucena, haga cuanto estime conveniente á fin de regularizar la marcha administrativa de la fundación y se cumplan las cargas fundacionales.

A este propósito, recordamos que en una de las cláusulas de la fundación se consigna destinar de los productos de la misma *una corona de oro* mensual á favor de una viuda.

Lo demás se destinaba, sin duda, al sostenimiento de la cáte-dra y al del capellán que dijera en la capilla la misa diaria.

Celebraremos que la Junta aludida tenga fortuna en sus ges-tiones.

MENDOZA (D. BERNARDINO DE).

Fué D. Bernardino hijo del tercer conde de Coruña, don Alonso, el décimo de 18 que tuvo con D.ª Juana de Cisneros, sobrina del ilustre Cardenal del mismo apellido.

El progenitor de esta casa, D. Lorenzo Suarez de Mendoza, era primer conde de Coruña, vizconde de Torija, 6.° hijo del célebre primer marqués de Santillana, D. Iñigo López de Mendoza. Así que bien puede decirse: de tal tronco tales ramas. Fué arbol frondosísimo de numerosos y celebrados frutos este de la casa de Mendoza.

No se distinguió menos que otros de la casa citada el don Bernardino, ya se le considere como militar, como diplomáti-co, siendo embajador en diferentes cortes extranjeras, ó como escritor.

Muy mozo empezó la carrera de las armas en Flandes, donde mostró bizarría, valor personal ó inteligencia en el arte de la guerra, siendo Capitán de caballos, graduación superior entonces á lo que hoy representa, como lo era la de Maestre de Campo ó Coronel, empleo mayor que llegó á obtener en la milicia. Este carácter militar le llevó en tiempos posteriores á ser Consejero de Guerra.

La campaña de Flandes le proporcionó también la roja cruz de Santiago, que justamente ostentó en su pecho desde 13 de Febrero de 1576 hasta su muerte, habiendo sido nombrado Trece de la misma orden en 1.º de Septiembre de 1595; y teatro donde lucir sus dotes de mando y de diplomático en comisiones que le fiaban los jefes de aquella campaña, principalmente el Duque de Alba.

De aquí fué á la embajada de Inglaterra, que desempeñó con el mayor acierto y firmeza, y cuyos servicios le valieron la embajada de París, cargo, como dice Almirante, el de mayor confianza que á la sazón podía dar Felipe II. En atención á estos servicios, el Rey, por Real cédula de 18 de Julio de 1582, le confirió la encomienda de Penausende, que luego, en el de 1696, conmutó por la de Alange.

En la embajada de París adquirió méritos extraordinarios, dignos de eterna loa y de ser reseñados si las condiciones de este trabajo no nos lo impidieran. (1)

Tantos, tan multiplicados y dilatados servicios, pues más de 30 años se ocupó en todos ellos, y señaladamente los que prestó en París, estropearon su salud, imposibilitándole para continuarlos, razón por la cual fué sustituído en su embajada, si bien después de pasadas las principales dificultades, por el Duque de Feria, en los primeros días del año de 1591, atendiendo desde entonces al restablecimiento de su salud, que logró algún tanto, pero perdiendo enteramente la vista. Ya ciego, se retiró á una celda del convento de San Bernardo de Madrid, á descansar y á prepararse á bien morir, entregándose en los brazos de la religión. Allí, sin embargo, alternando las prácticas religiosas con sus aficiones literarias, escribió una de sus obras, la última, y murió de edad avanzada hacia el año 1605, disponiendo que su cuerpo fuese enterrado en el panteón que en Torija tenían sus ascendientes, en cuya villa fundó una memoria de doce capellanes para el culto divino.

_____

(1) Almirante, en su "Bibliografía militar„ dedica á D. Bernardino una extensa biografía, la más extensa de cuantas tiene en su obra. Allí remitimos á nuestros lectores.

Quédanos hablar del punto de su nacimiento y reseñar sus obras.

La "Biblioteca de Autores españoles„ que publica sus "Comentarios de Flandes„ con unas noticias biográficas, nada indica ni del lugar ni de la fecha de su nacimiento. Tampoco precisa la fecha de su defunción: dice que murió "de edad muy avanzada„.

Almirante manifiesta que *acaso* nació en Guadalajara. Aduce el testimonio de Núñez de Castro. En efecto, éste le trae en su "Relación de militares distinguidos que han salido de Guadalajara„ y en el catálogo de los "Caballeros de hábito, ciudadadanos de la misma ciudad„.

Torres también le menciona en su capítulo "De los varones ilustres militares, hijos de señores de título y de los que sin él ha tenido Guadalajara„, y en otras partes de su obra.

Aunque estos testimonios no son concluyentes, como indicamos en otro lugar de este trabajo, pueden serlo, y cabe verosimilitud, porque existe la circuntancia, favorable también, de que los Condes de Coruña, como rama de la casa del Infantado, fueron vecinos de Guadalajara, donde existe una plazuela designada en otros tiempos con el mismo nombre del título mencionado, y llamada hoy Jardinillo.

Por todas estas razones, hasta tánto que se demuestre lo contrario, nosotros le consideramos de Guadalajara.

Sus obras fueron las siguientes:

—*Comentarios de lo sucedido en las guerras de los Paises-Bajos desde el año 1567 hasta 1577.*—Madrid (Pedro Madrigal) 1592. Un volumen, 336 hoj. 5 grab. 4.º (Existe en las BB. Nacional, de la Historia, del Senado y de Fernández San Román). El privilegio tiene fecha 26 de Mayo de 1592; la tasa, 1.º Julio 1592; la dedicatoria á Felipe IV, 2 Enero 1573; y otra dedicatoria al Príncipe, París 8 Diciembre 1590.

Hay diferentes ediciones francesas.

Ediciones españolas ya hemos citado una, además de ésta.

—*Teoría y práctica de la guerra.*—Madrid, 1595, y Amberes (Imprenta Plantiniana) 1586.—Reimpresa en Amberes, 1619.— No sabemos, dice Almirante, de donde habrán sacado Huerta y Lucuze una edición de Madrid en 1577, que traen en sus catálogos. La "Biblioteca de Autores españoles„ copia esta edición á que hace referencia Almirante.

Esta notable obra, sigue diciendo Almirante, de quien tomamos estas noticias bibliográficas, fué traducida al italiano por Sallustio Grazü de Siena, Venecia, 1596; reimpresa ibid.

1616; al francés, Bruxelles, 1598, y al alemán en 1667. Ayala, en «Letture del soldato italiano» no solo elogia la traducción del Sallustio, sino que encarece el original, extractando el trozo de la guerra marítima.

Los seis libros de las políticas ó doctrina civil de Justo Lipsio, que sirven para gobierno del reyno ó principado, traducidos de lengua latina en castellana por D. Bernardino de Mendoza, dirigido á la nobleza española. Madrid (Juan Flamenco) 1604. Un vol. 4.º

En la sección de M. SS. de la B. Nacional existen algunos referentes al autor. Y en el corto artículo que le consagra la «Biographie universelle» de Michaud (Tomo XXVIII, pág. 286) se da como escrita é impresa en francés:

La harangue au Roi tres-chretien faite á Chartres par monseigneur l'ambassadeur pour le Roi d'Espagne vers sa Majeste. 1588.

Puede juzgarse de la importancia de nuestro personaje por sus obras; y cuánto contribuyó á la cultura de España en unión de otros escritores de aquellos tiempos hasta elevarla á un nivel superior al de las demás naciones.

Fué además poeta. Torres nos dá la noticia de que tenía manuscritas sus obras poéticas y dice que eran dignas de ser más conocidas.

Nosotros ofrecemos un fragmento, citado también por Torres, en el que se descubre un argumento más á favor de Guadalajara como lugar de su nacimiento, y en el que se refiere á una de las muchas hazañas en que fué testigo ó parte durante su estancia en Flandes. Dice así:

«¡Oh memorable hazaña, y del ibero
Que la emprendió primero la osadía
No calles, musa mía, para que vea
El mundo ser Volea que ha nacido
En aquel patrio nido y tierra casa
De un Guadalajara, cuya fama
En todo se derrrama por los nombres
De tantos claros hombres como fueron
Y son que allí nacieron!»

Aunque estos versos no sean los mejores para presentarle como poeta, los trascribimos porque no conocemos otros.

NÚÑEZ DE REINOSO (ALONSO.)

Este paisano nuestro, que como literato honra á Guadalajara, donde nació, publicó una obra de que da cuenta el Sr. Durán en los siguientes términos:

«*Historia de los amores de Clareo y Florisea, con los trabajos de Isea, con otras obras en verso, parte de él al estilo español y parte al italiano: agora nuevamente sacado á luz.*—Venecia, Gabriel Giolito, etc. 1552, en 8.º El nombre del autor consta en la dedicatoria, y no en la portada.»

«Esta rarísima é importante obra consta de dos libros con portadas y paginación diversas: el primero contiene la novela de *Clareo*, en prosa, y acaba con esta suscrición: «Imprimióse la *historia* de *Felisea* en la etc. ciudad de Venecia, por..... y acabóse el primero dia de Marzo de 1552.»

«La portada del segundo libro dice así: Libro segundo de las obras en coplas castellanas, y versos al estilo italiano.»

«En Venecia *apresso Gabriel Giolito de Ferraris et fratelli*, 1552, y al fin: Imprimiéronse estas obras en verso que van juntamente con la *Historia de Felisea*, en la misma estampa de Gabrieli Yulito y sus hermanos, y acabáronse en el mismo dia.»

La novela se halla algún tanto emancipada de lo sentimental y tiene algunos defectos. A pesar de esto último dice Aribau que «la historia de los amores de Clareo y Florisea es producción notable por más de un concepto. El lenguaje cobra frecuentemente algún calor, y tiene rasgos de verdadera pasión. La tela se trama bien hasta que el urdimbre se rompe; hay sucesos bien inventados y desenvueltos con artificio. Si no nos engañamos, allí está el embrión de los *Trabajos de Persiles y Segismunda*.» (1)

En 1553 se imprimió en París una traducción francesa de esta novela, hecha por Jacques Vicent.

De la segunda parte dice el Sr. Durán: «Las poesías de este libro son artísticas: parte de ellas con las formas antiguas de los trovadores del siglo xv, y parte según la métrica y el espíritu italiano que propagaron Boseau y Garcilaso.» (2)

---

(1) "Biblioteca de Autores españoles„—Tomo "Novelistas anteriores á Cervantes.„
(2) La misma Biblioteca. Tomo 2.º del Romancero del Sr. Durán. Las poesías señaladas en los números 1362 y 1880, son de Reinoso.

Si no fuera por estas obras la existencia de Núñez de Reinoso sería desconocida hoy; pero mediante ellas podemos dar
algunas noticias acerca de su vida. Sus poesías, quejumbrosas
casi todas, demuestran la triste disposición de su ánimo y lo
poco feliz que sin duda fué.

Por ellas sabemos que había cursado las leyes solo para complacer á sus padres, pero disgustado de la aridez de estos estudios y poco aficionado á los pleitos, abandonó la universidad,
porque para la carrera eclesiástica tampoco tenía vocación,
aunque con insistencia se le propuso, según el mismo dice

«Que en la santa religión
Meterme yo no podía
Que no tengo voluntad
Ni tenella merescía».

Con estas indecisiones se encontró sin sentirlo harto adelantado en edad, y por eso añade que

«Buscar los campos de guerra
No sé si me convenía;
Soy viejo para pelea,
Armas usado no había.»

Tampoco le convino pasar á las Indias, como tantos otros
pasaron en aquellos tiempos. De manera que tantas vacilacio-
nes le impidieron fijarse en una profesión, siendo causa de que
trascurrieran sus mejores años bastante azarosos, de que se lamenta diciendo:

"¡Ay de mi, mi tiempo ido
Que atrás nunca volvería!
Todos mis años pasados
Vida ninguna tenía„.

Insiste en que es pobre y le convenía ganar, pero que por
ser amigo de las musas fué perdido, por cuanto que éstas no
daban que comér. ¿Qué hacer en esta situación?

"Qué haga no sabía;
De pequeño no serví,
Siendo viejo lo haría,
Cuando la barba me crece,
Cuando ya me encanecía„.

Dedúcese así mismo de otras composiciones, según afirma
Aribau, que debió acogerse á la merced de una señora que le
mantenía, que se hallaba violento, y que algunas de las composiciones mencionadas se reducen á llorar ausencias de las personas sus allegadas, á renovar memorias de su patria y de Ciu-

dad-Rodrigo, y á echar de menos los solaces de su juventud en casa de un amigo llamado Feliciano de Silva. (1)

Cuando Núñez de Reinoso escribió su novela, hacía muchos años que se hallaba en Venecia, al parecer fugitivo ó desterrado.

Además de la dedicatoria, que no es extensa, figura al frente de su obra una carta dirigida "Al muy magnífico señor D. Juan Hurtado de Mendoza, señor de Fresno de Torote». En ella menciona una comedia que compuso dedicada al duque del Infantado, y explica las causas por las cuales no la publicó á pesar de las gestiones de sus amigos que no pudieron recabar de él que la imprimiese. Probablemente se habrá perdido la mencionada comedia.

Termina la novela anunciando una segunda parte, que no llegó á publicar, dedicando un recuerdo á su patria, y lamentándose nuevamente, porque dice: «Bien sé que si esta mi obra en algún tiempo aportare á las riberas del río Henares, que piadosamente será leida, y mis penas sentidas y con razón lloradas, á la cual quise poner fin con propósito de en algun tiempo escrebir la segunda parte.......»

SIGÜENZA (FR. JOSÉ DE).

La ciudad que los romanos llamaron *Seguntia*, tiene la honra de contar entre sus hijos más exclarecidos al insigne varón que llevó el nombre de su pueblo natal y que dejó imperecedera fama de sabio y virtuoso.

Nació el P. Sigüenza hácia la mitad del siglo XVI (en 1540, según algunos autores; en 1544 según otros), y desde la edad primera mostró mucha afición y disposiciones excelentes para el estudio, no siendo por esto extraño que entre las dos profesiones más estimadas entonces, la Iglesia y la Milicia, eligiera la primera como más adecuada á sus gustos é inclinaciones.

Parece, sin embargo, que se pensó dedicarle á las armas; pe-

___

(1) Este Feliciano es autor de la *Celestina*, cuya segunda parte dedicó á Juan de Micas, noble veneciano, amigo de la literatura española, según afirma el mencionado Aribau. Reinoso también dedicó su novela al mismo Juan de Micas.

ro este pensamiento fracasó y el estudiante seguntino ingresó
en la Religión de San Gerónimo, recibiendo el hábito en el monasterio del Parral de Segovia, donde estaba un religioso que
era tio de nuestro biografiado. Desde el Parral pasó al Real
Colegio de San Lorenzo, que había sido trasladado desde Par-
races al magnífico monasterio del Escorial, teniendo la fortuna
de encontrar allí al célebre Arias Montano, de quien se hizo
discípulo, «adelantando tanto en los idiomas hebreo y griego y
en la ciencia de las Sagradas Escrituras, que una de las glorias
de tal maestro fué el dejar tal discípulo y sucesor». (1)

Sucedió, en efecto, á Arias Montano como profesor y como
bibliotecario mayor del referido monasterio, y en este cargo
probó su ilustración y actividad, dando asuntos al italiano Pe-
regrín de Peregrini para las pinturas que decoran la bóveda y
paredes de la Biblioteca, y ordenando los libros que en ella se
hallaban.

Fué elocuente predicador. Felipe II le oia siempre con profundo respeto y le estimaba mucho por su talento, modestia y
vida ejemplar. Este Rey decía, refiriéndose al soberbio edificio
construido en memoria de la batalla de San Quintin: «Los que
vienen á ver esta maravilla del mundo, no ven lo principal que
hay en ella si no ven á Fr. José de Sigüenza, y, según lo que
merece, durará su fama más que el mismo edificio, aunque tiene
tantas circunstancias de perpetuidad y firmeza.»

En cierta ocasión, estando los ministros departiendo acerca
del P. Sigüenza, calificándole unos de santo, otros de sabio, etc.,
les interrumpió el Rey diciendo: «¿Para qué os cansais en eso?
Decid lo que no es Fr. José y lo que no sabe, y acabareis más
pronto.»

Razón tenía Felipe II, pues el ilustre seguntino cultivó con
fruto las matemáticas y la geografía, era muy versado en los
idiomas orientales y aficionado á la música y á la poesía, sobre-
salía como profundo teólogo y tenía tan excelentes condiciones
para historiador que, según dice el Sr. Gil de Zárate, «si en lugar de escribir vidas de Santos escribiera Historia, aventajara
al mismo P. Mariana.»

Sus principales obras son:

Vida de San Gerónimo, obra llena de erudicción en el fondo
y de elegancia en la forma, impresa en Madrid el año 1595. Los
monges de la orden costearon en 1853 una segunda edición que

---

(1) D. Juan González. Discurso preliminar inserto en la segunda edición de la *Vida
de San Gerónimo, escrita por Fr. José de Sigüenza.*

tenemos á la vista: consta de 584 páginas en fólio, y se divide en un prólogo y seis libros, subdivididos en varios discursos; va precedida de dos discursos preliminares, por D. Juan González, presbítero (1), y de dos composiciones poéticas del P. Sigüenza tituladas *Paráfrasis del Miserere y Encomio á N. P. San Gerónimo* y la dedicatoria á la Orden (XXXII páginas). Lleva dos índices: uno con los títulos de los libros y discursos en que está dividida la obra y otro alfabético de las cosas más notables que en la misma se encuentran.

Historia de la orden de San Gerónimo, en la que se dan muchas é interesantes noticias acerca de la fundación del Escorial (2). Dícese que cuando llegó á manos de Felipe III esta obra, se abismó de tal suerte en su lectura, que la aurora del nuevo día le sorprendió con el libro en las manos. Fué impresa en 1600.

Escuela de Novicios, dedicada, como indica su título, á la instrucción de los novicios.

De otras obras que pensaba escribir, entre ellas una *Historia eclesiástica*, hace algunas indicaciones el clásico escritor en la *Vida de San Gerónimo*, pero no llegó á realizar sus propósitos.

El día 22 de Mayo de 1606, murió este preclaro hijo de la provincia, rodeado del respeto y veneración á que sus merecimientos le habían hecho acreedor.

---

(1) El primero de estos discursos termina con las siguientes palabras: «¿Quién es aquí más grande como sabio? ¿San Gerónimo ó el P. Sigüenza? Por lo menos al lector le va ocupando el historiador tanto como el Santo de la historia.»

(2) En la Historia de la Orden de San Gerónimo, reclamó el P. Sigüenza la propiedad de *El Lazarillo de Tormes* en favor de Juan Ortega, de aquella religión, pero á pesar de esta autoridad se persistió generalmente en la idea de que el Lazarillo citado pertenece á D. Diego Hurtado de Mendoza, hijo del 2.° Conde de Tendilla.

SIGLO XVII.

ENRIQUEZ DE ZÚÑIGA (D. JUAN).

Poco diremos también, como de otros, de este hijo ilustre de Guadalajara, que las noticias no se vienen á las manos tan fácilmente y con tal profusión que por donde empezar no sepamos.

Afirmamos que nació en Guadalajara apoyados en que él mismo lo dice en el título de una de sus obras.

Sus apellidos y referencias proclaman que descendía de ilustre prosapia, lo que hace suponer que recibió una educación é instrucción esmeradas hasta investirse de Doctor en ambos derechos. Dónde, no lo sabemos. Pudimos averiguar que estuvo casado con D.ª Ana Medrano.

El Doctor Enriquez de Zúñiga distinguióse como escritor, cultivando diferentes géneros de literatura.

Ensayó su ingenio en obras de imaginación y produjo las siguientes novelas, que fueron impresas:

«El amor con vista, con una descripción del mundo, así de la parte elemental como etérea», 1625.

«Historia de la fortuna de Sempriles y Generodano.»—Madrid, 1629.

Torres, refiriéndose á nuestro biografiado, de quien fué contemporáneo, dice: «En los libros que ha impreso ha mostrado raro y superior ingenio, y su mérito es tan celebrado, que no necesita de los elogios de mi pluma.»

Algo de lo que dice Torres, si no todo, debió de haber, por cuanto que Lope de Vega también le cita en su «Laurel de Apolo», silva IV, donde dice:

«Guadalajara, donde dan reflejos
De las ciencias de Henares tantos soles,

Aunque vuelve los mismos tornasoles
Que suelen al del cielo los espejos,
Dice que al cielo sus ingenios debe,
Que no á la esfera que tan cerca vive;
Y para que lo pruebe,
El de D. *Juan Enriquez* apercibe,
Aquél que osó pintar de amor la vista;
Porque si ciego no hay quien le resista,
¿Qué hará con ella amor? Mas tema luego
No se arrepienta de no verle ciego,
Que por el mismo estilo
Su mismo ingenio castigó á Perilo;
Y amor si no corrige el pensamiento,
Volveráse tirano de Agrigento;
Pero quien supo hallar á amor con vista,
También tendrá virtud que le resista.»

Estos versos son otra demostración de que el Dr. Enriquez nació en Guadalajara, y aunque en bastante número, no son tan expresivos como los que dedicó al conde de Coruña: aquellos seis valen más que estos diez y ocho; pero pueden ser más verdad sin ser tan exagerados, al parecer, como los que dedica á otros escritores, entre ellos, Montalvo.

Desempeñó cargos administrativo-judiciales, pues fué Alcalde mayor de las ciudades de Avila, Cuenca, León y Córdoba, cargos de más importancia que la que hoy tienen los Gobernadores de provincia. Después fué Corregidor de la villa de Alcalá de Henares.

Estas ocupaciones inclinaron su ánimo á cuestiones más serias, y escribió de historia y administración, obras que no pudo tener en cuenta Lope de Vega al hacer su panegírico, pues son de fecha posterior al «Laurel de Apolo», que se publicó en 1630.

Los títulos de estas últimas obras son:

«*Historia de la vida del primer César*, por D. Juan Enriquez de Zúñiga, natural de la ciudad de Guadalajara, Doctor en ambos derechos, Consultor del Santo Oficio, Alcalde Mayor de la ciudad de Cuenca y su partido por S. M. Con privilegio en Madrid, por la viuda de Juan González. Año 1632». Un vol., 280 páginas, 4.º La aprobación es del maestro Gil González Dávila, en Madrid 22 Diciembre 1628. (B. de Fernández S. Román).

«*Consejos políticos y morales*», 1634.

En 1647, desempeñados los cargos referidos, debía hallarse en Guadalajara ocupado en escribir la historia de esta ciudad, según noticias que nos suministra el tantas veces mencionado Torres, nuestro paisano. No tenemos noticias de que llegara á imprimirse; y si fué terminado el original, se extraviaría, pues que de otra manera podía hallarse en la Biblioteca Nacional, como se halla el de Torres y otros.

MENDOZA (D. FR. PEDRO GONZÁLEZ DE)

Tócanos ahora reseñar á grandes rasgos la vida de uno de los principales ornamentos de la Iglesia católica, hijo de la ilustre casa de los duques de Pastrana.

Fué D. Fr. Pedro G. de Mendoza hijo del primer duque de este título, príncipe de Eboli, D. Ruy Gomez de Silva, y de D.ª Ana de Mendoza y la Cerda, su mujer. Como esta señora era hija de D. Diego Hurtado de Mendoza y de D.ª Catalina de Silva, y este D. Diego á su vez fué hijo de otro D. Diego Hurtado de Mendoza, primer conde de Melito, y de D.ª Catalina de la Cerda, hija de los Duques de Medinaceli, resulta que Fr. Pedro era biznieto de este último matrimonio, y tataranieto del Gran Cardenal de España, puesto que hijo de este último fué el primer conde de Melito. Y debiendo ser de apellido Silva por su padre, como segundon, se conoce que le pusieron el de su madre.

Bueno será advertir que ya no deberemos confundir este D. Pedro, con el Gran Cardenal, de aquí en adelante, y tampoco con el otro Pedro Gonzalez de Mendoza, de Guadalajara, hijo del duque del Infantado y sobrino del Cardenal, Obispo de Salamanca, y el que fundó en esta ciudad el colegio de doncellas de Nuestra Señora de los Remedios, cuyo edificio es el destinado hoy á hospital civil de la provincia.

D. José María Escudero en la «Crónica general de España» dice, tomándolo sin duda del genealogista Salazar y Castro, que nació en Madrid; pero el diligente historiador de Pastrana, don Mariano Pérez y Cuenca, afirma, por el contrario, que nació en esta última villa, á 10 de Julio de 1569, según lo atestigua el libro de Bautismo núm. 1, fólio 505, donde dice: «Domingo diez días del mes de Julio año 1569 años, bautizó el muy ilustre señor Diego de Guzmán, embajador de Venecia, al muy ilustre

señor D. Pedro de Mendoza, hijo de los Excmos. Señores Príncipes de Eboli, Ruy Gomez de Silva y D.ª Ana de Mendoza y
de la Cerda, su muger, señores de esta villa. Fueron sus padri-
nos los señores D. Diego de Bernai, Mariscal de Alcalá del Valle, y D.ª Isabel de Mendoza, su muger. Testigos, el Licenciado
Rosales, y Sancho de la Roja, cura de la Iglesia de esta villa.
Y por haberse ausentado el dicho Sr. Diego de Guzman al
tiempo que esto se escribió, lo firmó el dicho Sancho de la Roja.—Sancho de la Roja, cura.»

Con este documento se desvanecen cuantas dudas pudieran
haberse suscitado sobre el particular; y la afirmación de Escudero cuando dice que cambió el nombre de Fernando por el de
Pedro al tiempo de profesar.

Felipe II, de quien era gran privado su padre Ruy Gómez
de Silva, hízole merced de nombrarle menino del príncipe de
Asturias, que después fué Felipe III, por donde se vé que desde
luego, gracias á la posición de sus padres, tuvo fácil acceso en
la casa Real.

En un epitafio que se refiere al personaje objeto de estos
apuntes, existente, á la vez que otros dedicados á indivíduos de
la misma familia, en la capilla mayor de la Iglesia Colegiata de
Pastrana, se lee que «se encomendó á su buen aire, mantener el
torneo que fué festejo célebre en el casamiento de la infanta
D.ª Catalina, de cuya acción, *cuando pudo heredar un desvanecimiento, logró una claridad* que le dió á ver las vanidades que le
lisonjeaban.»

Era buen mozo, que no otra cosa quiere decir «buen aire»,
hijo de una familia rica y nobilísima, que gozaba de la privan-
za del rey entonces más poderoso del mundo, ¿tan alta fijó la
vista que lo que le lisonjeaba era no más que vanidad y presun-
ción que estuvieron á punto de producirle un desvanecimiento?
Debió ser así cuando de aquellas fiestas, según afirma el aludido
epitafio, partió á vestirse el sayal del seráfico padre S. Francisco, eligiendo por morada el santuario de Nuestra Señora de la
Salceda, término de Tendilla, en esta provincia, honrado ya
por el sapientísimo y virtuoso Cardenal Cisneros, de gloriosa
memoria, y donde nuestro Fr. Pedro no permitió que se usase
con él ninguna forma de singularidad, según el epitafio.

Dejó, pues, las comodidades y las grandezas de su casa, los
pasatiempos y devaneos de la juventud y las fiestas y recreos
con que le brindaba una corte tan explendorosa como la de
Madrid, para meterse en los estrechos límites de una celda;
bien que en la profesión que había abrazado estuviera llamado

á ejercer los más altos cargos, y repartir con ella beneficios que no son para olvidados.

De la Salceda pasó por órden del Rey á S. Juan de los Reyes de Toledo, y después al Colegio Mayor de Alcalá, donde estudió, llegando á ser en la cátedra y en el púlpito de lo más escogido de aquellos tiempos. Fué luego prelado en las Descalzas de la Princesa de Madrid y siguió todas las dignidades de su orden, aunque muy jóven, como Lector, Jubilado, Calificador y Predicador mayor del Sto. Oficio, Provincial de Castilla, Visitador general de la provincia de Santiago, Comisario general, y si su modestia lo permitiera, según asegura el mencionado epitafio, hubiera sido Generalísimo de su orden, que por tal todos le deseaban. Dos veces fué encargado de negocios importantes en Portugal por Felipe III.

Quísose que fuera maestro del príncipe D. Felipe, pero, vacante la silla de Osma, fué presentado para ella, si bien antes de tomar posesión le diéron el arzobispado de Granada. Sucesivamente ocupó las sillas de Zaragoza y Sigüenza. De esta última tomó posesión el 13 de Diciembre de 1623.

A su paso por cada uno de estos cargos dejó valiosos, variados y gratos recuerdos. Así, en Granada, amplió la capilla mayor de la Catedral, el crucero del coro, labró casas arzobispales é hizo entrega de una valiosa reliquia; en Zaragoza restauró el palacio arzobispal y se distinguió en la defensa de la inmunidad eclesiástica; y últimamente, en Sigüenza dotó á la iglesia con una renta anual de 400 ducados para la fábrica, y donó otros 5.000 para que hicieran las rejas de los dos coros, además de que reedificando la antigua fortaleza de los Obispos, Señores de Sigüenza, dejó á sus sucesores digna y magestuosa morada, y de que en todos los sitios mencionados daba á los pobres grandes limosnas.

No se ólvidó, ni del sitio donde pasó los primeros tiempos de su vida de religioso, ni de Pastrana, su villa querida, que así debía ser cuando tanto la distinguió. ¿Y qué cosa hay, en efecto, que, después de la familia, inspire más cariño que aquellos sitios donde se ha visto la luz por primera vez?

Hizo nuevas construcciones, (1) reedificaciones y mejoras importantes en el santuario de Nuestra Sra. de la Salceda, hoy convertido en ruinas, como otros muchos, y estableció, ordenándola y costeándola, una rica biblioteca en el mismo monasterio.

_____

(1) Entre estas se encuentra una magnífica capilla donde dice Beteta que colocó los cuerpos santos y muchas reliquias que trajo de Roma.

En Pastrana se le considera como el segundo fundador de su colegiata. De él dice el Sr. Pérez Cuenca: «Reedificó todo este templo, hizo la capilla mayor, aumentó considerablemente sus rentas, y fundó el colegio de niños para aplicarlos á la música, titulado de S. Buenaventura, para la mayor solemnidad del culto. Hizo el panteón, donde colocó algunos individuos de su familia. Dió hermosas colgaduras, y la dejó heredera de todos sus bienes, sacando al efecto las competentes Bulas Pontificias. Entónces llegó esta iglesia á su mayor explendor.....»

En cuanto al colegio de S. Buenaventura, fundóle para que se enseñara en él la música sagrada á 30 colegiales, más ó menos, dice el citado historiador, dotándole al efecto con pingües rentas y donaciones.

¿Qué se ha hecho de los capitales que producían estas rentas, preguntamos nosotros? Porque son muchas las fundaciones de índole análoga correspondiente á esta provincia que se encuentran en el mismo caso. Un ejemplo de ello presentamos en esta misma Colección cuando tratamos del Dr. Luis de Lucena.

Entre los varios regalos que hizo Fr. Pedro á la iglesia colegial figura una *Regla* de S. Francisco, escrita por la propia mano del Santo, con hermosa letra, si bien esta reliquia más bien estaba como en depósito en la mencionada iglesia, por disposición de su protector en el testimonio extendido al efecto, donde dice que la dejaba vinculada en el mayorazgo de su casa. De todas maneras las dos llaves que guardaban el escrito estaban una en poder del cabildo y otra en la casa de Pastrana. La entrega de esta reliquia se hizo con toda solemnidad en 2 de Julio de 1620.

De todo lo dicho se deduce el gran celo religioso que animó al insigne D. Fr. Pedro González de Mendoza, no desmentido ni entibiado en su largo carrera de la vida (vivió 71 años) y confirmado á la hora de su muerte, dejando por heredera de todos sus bienes á la insigne colegiata de su pueblo.

Distinguióse también como escritor, haciendo varios libros, pero no imprimió más que uno, lujosamente, y bien escrito, que se titula *Historia del Monte Celia de Nuestra Señora de la Salceda*, con frontis grabado, viñetas y 76 retratos de obispos y arzobispos que tuvo Granada, desde los primitivos tiempos hasta el de nuestro biografiado, exceptuando 256 años que estuvo en poder de los árabes, cuyos retratos, incluso el suyo, son copia de los que colocó en las casas arzobispales por él fabricadas. Este libro, impreso en la mencionada ciudad de Granada, en 1616, es interesante como otros muchos que se refieren á santuarios de la provincia, no solo por los santuarios descritos, si que también por las noticias de verdadero valor histórico que suelen estar contenidos en ellos.

Escribió además:

Epistolam ad Paulum V Papam circa definitionem Misterium Inmaculatæ Concepcionis.

Institución auténtica de la primera regla de los hermitaños de la penitencia y tercera orden de San Francisco.

Litteras pastorales quibus ad votum Inmaculatæ Conceptione.

Murió en Sigüenza en Junio de 1639, dejando dispuesto que se le enterrara *detrás del trasparente del altar mayor* de la iglesia colegiata de su pueblo.

En 24 del mismo mes fueron comisionados de Pastrana á recoger su cuerpo, y el 27, según partida que exhibe el Sr. Pérez Cuenca, fué enterrado en el lugar que designó, citado anteriormente.

La partida dice así:

"El Sr. D. Pedro González de Mendoza, Arzobispo, Obispo y Señor de Sigüenza, nuestro insigne bienhechor y fundador."

"En 27 días del mes de Junio de 1639 años, el Señor Dean y Cabildo enterraron en la Iglesia colegial al Sr. D. Fr. Pedro González de Mendoza y de la Cerda, Arzobispo Obispo de Sigüenza.

R. I. P.„

TORRES Y PEREZ (D. FRANCISCO DE).

Nació en Guadalajara. Fué hijo de D. Nuño y de D.ª Ana, de quienes dice nuestro D. Francisco que su virtud y la limosna que por ellos hicieron al tiempo de su fallecimiento, fué la mejor herencia que le dejaron.

Dedúcese leyendo la historia de que es autor, que debía disfrutar 25.000 maravedises de renta, heredada de su abuelo Francisco Pérez, á quien se la asignó Felipe III en memoria de haber asistido y jurado al príncipe de Asturias, á nombre de la ciudad de Guadalajara, de quien fué su procurador en Cortes.

Aunque Torres no lo dice, hemos visto que en las Cortes celebradas en Madrid de 1607 á 1611 figura como uno de los procuradores por Guadalajara Francisco Pérez.

Los Reyes solían premiar de alguna manera los servicios que les prestaban los procuradores en Cortes por las ciudades, asignando para cada una de las que se celebraban cierto número de *cuentos* ó de maravedises para *ayuda de costas* que decían, y repartiendo otras mercedes, lo que hacía que estos cargos fueran muy apetecidos, y que abusando de estos medios, las Córtes no fueran lo que debieran ser.

Entre las concesiones que figuran en el reinado de Felipe III para los procuradores, por las celebradas en 1607, aparece una de 25.000 maravedises para D. Francisco Pérez, habiendo precedido petición de éste, como era costumbre, cuya petición consistía en "un hábito para su yerno ó su nieto, hijo de éste, y renta para sí „

Esto último es lo que concedieron, pero se ve que no eran cortos para pedir, pues que lo hacían hasta para una tercera generación.

Por cuanto en la petición se menciona la palabra nieto, es presumible que Torres hubiera nacido ya ó naciera en aquel mismo año, en cuyo caso, la historia de que es autor, y de que después hablaremos, la terminó próximamente á los 40 años, pues que lleva la fecha de 1647. Confirma esta suposición el hecho de que en las composiciones panegíricas que preceden á su obra se le llama *el mozo*, aludiendo sin duda á que cuando la estaba escribiendo era jóven.

Con motivo del juramento del príncipe D. Felipe, se expidió Real cédula desde Lerma, en 8 de Junio de 1608, facultando á varios procuradores de Cortes para que en su vida ó al tiempo de su muerte, pudieran renunciar los oficios de regimiento, veintecuatrías y juradurías que tuviesen en las personas que quisieren, con tal de que fueren naturales de los reinos de Castilla, con otras circunstancias de edad, etc. que se citan.

Vemos, pues, explicado perfectamente por qué D. Francisco de Torres y Pérez fué regidor perpétuo de Guadalajara, disfrutaba una renta de 25.000 maravedises y estuvo á punto de ser caballero de un hábito.

Fué además capitán de milicias de Guadalajara.

El día 2 de Diciembre de 1642 salió de esta ciudad para Cataluña, desobediente entonces á Felipe IV, al mando de 200 infantes que Guadalajara puso á disposición de su Rey para contribuir á sofocar la rebelión catalana. Llegó á Zaragoza, donde presentó sus respetos al monarca, y de allí pasó á Tortosa, en uya ciudad, según él mismo asegura, hizo lo qué pudo y debió hacer.

Ni como regidor perpétuo, interviniendo en los asuntos administrativos y de gobierno de Guadalajara, donde pudo prestar servicios más ó menos importantes; ni como militar, haciendo prodigios de inteligencia y de valor, que no se los negaremos, pero que no los hemos visto comprobados, presentamos á nuestros lectores á D. Francisco de Torres: bajo otro punto de vista nos hemos decidido á darle un lugar en esta Colección de biografías: como historiador de Guadalajara, su ciudad natal, tanto más digno de aprecio, cuanto que ninguno antes de él, que nosotros sepamos, hizo nada tan completo como su historia (1), bien que escritos anteriores le sirvieran de base ó de estímulo para acometer su obra. Ciertamente no se distingue ésta por la belleza de la forma, aunque hay pasajes que demuestran lo contrario, ni está exenta de defectos, especialmente en la parte antigua, donde se discurre largamente y sin fruto, porque los argumentos carecen de sólida base, sobre la antigüedad de Guadalajara, atribuyendo su fundación á los fenicios, como si la Ciudad hubiera menester de tan antiguo origen para gozar de nobilísimos blasones, dice Catalina García; sobre si se llamó Arriaca y luego Caraca; sobre si fué ó no fué la antigua ciudad de Cómpluto; sobre si tuvo ó no tuvo santos mártires, obispos, etc., acerca de cuyos particulares fantasea hasta el capítulo 11 del libro 1.°; pero á pesar de esto, y de que en general es preciso leerla con cautela y discreción para separar de ella la mucha paja que contiene, añade Catalina García, es apreciable por las muchas é interesantes noticias que allí nos da, desparramadas algunas de las que nos ofrece su libro en los escritos de Francisco de Medina y Mendoza, Salazar de Mendoza, Pedro de Medina, Duque del Infantado, Albar Gómez de Ciudad Real, Alfonso López de Haro, Ambrosio de Morales y algunos más; y otras que esparcidas por lugares menos comunes y aún ignorados de muchos, fueron recogidas y ordenadas y comentadas por él, pues así se deduce de su lectura, como se deduce que de muchos de los hechos referidos en los libros 2.° y 3.° fué testigo presencial ó se verificaron en vida suya. Su división en capítulos obedece al orden cronológico.

Pudo su historia, y este sería otro mérito, ya que tiene de-

(1) Decimos esto, porque creemos que la del P. Pecha comprende también la historia de la orden de San Gerónimo y la genealogía de la casa del Infantado, y en reducido espacio no es posible ocuparse con extensión de muchas cosas.

fectos de bulto, servir de base para la que publicó en 1653
Alonso Núñez de Castro. (1)

La historia de nuestro biografiado, escrita en 1647, vino á
llenar un vacío, porque los demás autores mencionados, si se
exceptúan Medina y Salazar de Mendoza, únicamente por modo indirecto se ocuparon de Guadalajara, por cuanto que sus libros llevan títulos diferentes al de la obra de Torres; y no acer-
tamos á comprender cómo la de éste y los *Anales* de Medina no
llegaron á imprimirse. Acaso tenía razón Torres cuando, hablando de Guadalajara dice: «Y con haber tanta quietud es la
gente poco inclinada á las letras», aunque añada luego que ha
habido muchos insignes por ellas; y cuando más ·adelante manifiesta: «Lástima grande que habiendo sido Guadalajara tan
fecunda en varones de letras no se haya aficionado nadie de
ellos en tantos años á tomar la pluma y dejarnos escrito tanto
número de cosas que ignoramos, pues con ellas solas se pudieran hacer copiosos libros y los hijos de esta ciudad quedaran
más conocidos de propios y extraños», (2) consideraciones que podían aplicarse con mayor motivo á tiempos posteriores, pues si
desde fines del siglo xv á 1647, que es la fecha de la historia de
Torres, no hubo quien se ocupara de estos asuntos directamente,
desde 1653 en que Castro imprimió la suya ha sucedido lo mismo. (3)

No nos hemos propuesto hacer un estúdio detenido de la
obra de Torres, y prescindiendo de las bellezas y defectos que
pueda contener, solo nos fijamos en el mérito contraido á nues-

(1) Lo que se asegura por Salazar y Castro es que Núñez se apropió la del P. Pecha. La Fuente (D. J.) dice que no, que se aprovecharía de sus datos, pero que no es
la misma (Reseña de las enseñanzas que existieron en Guadalajara, pág. 5, nota).
  De esta de Castro es de quien dijo el Sr. Ponz con frase adusta que contenía mucha
paja, y Catalina lo aplicó también á la de Torres. Aun dijeron de esta otras crudezas,
pero no merece tanto.

(2) Cuando Torres decía esto no se conocían más que los *Anales* de Medina, pero
en su tiempo, casi simultáneamente, se ocuparon de la historia de Guadalajara el P.
Pecha, el cisterciense Fr. Baltasar Campuzano, el Dr. Juan Enriquez de Zúñiga, autores de otros libros todos y todos naturales de esta ciudad, y Núñez de Castro que
vino poco después, cuya Historia es la única que llegó á imprimirse.

(3) Al hacer esta apreciación prescindimos de las noticias que desde 1877 ha des-
parramado D. José Julio de la Fuente, iniciador de los modernos estudios histórico-
caracenses, en las memorias del establecimiento de su digno cargo y en otros trabajos
destinados expresamente á dar á conocer personas y cosas de Guadalajara, así como
prescindimos de los escritos de D. Juan Catalina García y D. Camilo Pérez Moreno,
referentes también á Guadalajara y su provincia, y de la *Crónica general de España*,
El Mundo en la mano, *Viajes de España*, *Museo histórico*, *D.ª María Coronel*, *El Arcipreste de Hita* y algunos artículos de D. Román Atienza y otros, pertenecientes todos á
este último periodo, por no ser ninguno de ellos una historia completa de nuestra
ciudad. Actualmente la está escribiendo D. Miguel Mayoral y Medina, distinguido
caracense, de quien esperamos curiosas noticias,

tros ojos por el acometimiento de la empresa y su llegada á un término más ó menos feliz.

La actividad, la perseverancia, la constancia y el patriotismo que revela una obra de semejantes condiciones, y al mismo tiempo el desinterés, pues era un trabajo que al fin no había de ser recompensado, á lo menos materialmente, porque sabido es que los escritores españoles aun cuando sean buenos no se hacen ricos, son cualidades de que creemos rodeado á nuestro paisano, á lo menos en este aspecto de su vida, y por tanto, muy digno de que le consideremos como uno de los hijos ilustres de Guadalajara.

SIGLO XVIII.

ROSTRIAGA (D. DIEGO).

Rostriaga es un paisano nuestro que se distinguió notablemente en el cultivo de las artes útiles, pues fué relojero é instrumentario á la vez.

Hizo su aprendizaje en Madrid; primero con un tío que ejercía el oficio de fundidor, quien, no queriendo descuidar la educación literaria de su sobrino, le hizo cursar en el convento Real de Atocha latinidad y filosofía; y luego con D. Fernando Nitet, relojero primero de cámara del rey D. Fernando VI, «artista habilísimo, que tomó afecto al joven Rostriaga y le enseñó el curso completo de matemáticas y de mecánica aplicada á las artes», y con su ayuda y protección, concluido el aprendizaje, estableció casa y taller.

Madrid fué también teatro de sus triunfos, pues que de allí salieron sus obras. De su destreza y habilidad, así como de su inteligencia laboriosa, quedan numerosas pruebas repartidas en diferentes lugares. Así, los relojes de Palacio, del Buen Retiro, de la Aduana (Ministerio de Hacienda) y del convento de San Pascual de Aranjuez, que aun subsisten, son obra suya, así como la colección de instrumentos necesarios para la enseñanza cuando se estableció en el Alcázar de Segovia el colegio de artillería.

Ved aquí las muestras laboriosas de uno que empieza por afición á hacer relojes de madera y luego de metal, imitando los que por entonces venían de Alemania; lo que hace Rostriaga cuando el arte de la relojería é instrumentación estaba poco desarrollado en España; cuando 20 años más tarde mandaban á París jóvenes españoles de esperanzas para que, perfeccionándose en el arte de la relojería *sublime*, de que tan necesitada se hallaba la marina, lo implantaran en nuestra patria, circunstancias que aquilatan su mérito, pues demuestran que era uno de los pocos artistas buenos en su profesión con que entonces contábamos.

Las anteriores obras le dieron crédito y reputación, y fueron causa de que Carlos III, entonces príncipe de Asturias, le honrara con la comisión de hacer para él máquinas pneumáticas, pirómetros y otros muchos instrumentos de física, así como de matemáticas y geografía. Construyó en 1770 las bombas de vapor que habían de servir para los diques de Cartagena, empresa que hubiera bastado para demostrar la generalidad de sus conocimientos en la mecánica práctica y la fundición; (1) construyó también otras colecciones de instrumentos para los Reales estudios de San Isidro, el delicado nivel de cruz y aplomo para las obras del canal de Murcia y las máquinas y bombas estractoras que aún funcionan en las minas de Almadén.

Todavía hay otros sitios donde se conservan obras suyas: en el Instituto de San Isidro sobresale una escopeta de viento de Rostriaga; en la Biblioteca Nacional se conservan dos esferas armilares; otras dos en la del Senado y otra en la sociedad Económica Matritense; y D. Manuel Rico y Sinobas tiene de nuestro biografiado una brújula geodésica, una pantómetra firmada en 1764 y un barómetro de mercurío en 1768.

En la iglesia de Castilforte, villa donde nació en 1713, de humildes labradores, se conserva un cáliz de plata sobrepujada, de notable mérito artístico, con la siguiente inscripción: «Regalado por D. Diego Rostriaga, año de 1771».

Tales trabajos le conquistaron aprecio general, y algunos fueron causa de honoríficas distinciones menos prodigadas que en los actuales tiempos. Así fué nombrado en 1764 Ingeniero de instrumentos de Física y Matemáticas, con goce de fuero militar, y más tarde primer maquinista de Física del Real Seminario de Nobles, habiendo sido en otros tiempos nombrado para el servicio del príncipe de Astúrias, como ayudante de Furriela. Posteriormente fué honrado con el título de socio de mérito de la Económica Matritense; y querido de Carlos III que le distinguió, y de la grandeza de su época, así como de todos sus contemporáneos, falleció en 1783, á los setenta años de edad.

He aquí descrito en términos escuetos lo que principalmente

_____

(1) "Disquisiciones náuticas„, por D. Cesáreo Fernández Duro.

debíamos decir de una persona cuyo nombre seguiría sepultado en el olvido si Catalina García no le hubiera resucitado, por cuanto á nuestro juicio, debió ser causa de que el elogio fúnebre que leyó en 12 de Junio de 1784 D. Agustín de la Cana, sócio de la Económica Matritense, se publicara en la Revista de esta sociedad en 31 de Agosto de 1880.

Nosotros nos holgamos de contribuir á la popularización de su nombre, siquier sea con lo poco que llevamos dicho, que el haber obtenido noticias un poco tarde y el temor de aumentar de volúmen esta Colección nos impide ser más extensos.

No haremos punto final, sin embargo, antes de citar á don Leocadio Rostriaga, hijo y discípulo de D. Diego, de quien figura también una esfera armilar en la Sociedad Económica citada, y á D. Celedonio Ruíz Rostriaga, discípulo también y sobrino del citado D. Diego, á quien sustituía en casos de ausencia ó enfermedad, y que tuvo empleo de Ayudante instrumentario en los Reales estudios de San Isidro.

De este señor se conservan más recuerdos en Castilforte, donde también nació, sin duda por ser más moderno. Cuentan los que hoy viven, que allí pasaba largas temporadas huyendo de la vida activa de Madrid, en una casa que se mandó construir, poseida en la actualidad por sus descendientes, y que en Castilforte murió.

SIGLO XIX.

ARRAZOLA Y GARCÍA (D. LORENZO). [1]

Nació en Checa (Molina) el día 10 de Agosto de 1795. Sus padres, D. Manuel y D.ª María, aunque de noble abolengo, [2] no poseían más recursos que los indispensables para atender á las primeras necesidades de la vida. Por esta causa aquella inteligencia privilegiada hubiera quedado sin cultivo, si D. José García Huartes, jurisconsulto y corregidor en Benavente y tío de nuestro biografiado, no le hubiera llamado á su lado al enterarse de su talento y gran amor al estudio.

Desde entonces, si nó en absoluto, puede decirse que vivió siempre en Castilla la Vieja, por lo cual algunos biógrafos han supuesto que era natural de aquella región.

El latín y humanidades, que estudió con el P. Francisco del Valle, no ofrecieron dificultades á Arrazola, que obtuvo en todos los exámenes la nota de sobresaliente, en vista de lo cual le mandó su tío al Seminario Conciliar de Valderas, como colegial interno, y allí fué donde dió gallardas muestras de su talento, hasta tal punto que cursando filosofía y teología sustituyó y regentó algunas cátedras de la misma enseñanza, cuando solo tenía 20 años, con la circunstancia de que no contaba con in-

---

(1) Estando en prensa este libro hemos recibido de nuestro querido amigo D. Pedro Perez Caja los datos que extractados nos han permitido ampliar la presente biografía, tomados en su mayor parte de la *Historia científica, política y ministerial del Excelentísimo Sr. D. Lorenzo Arrazola*, escrita por D. L. C.

(2) Los ascendientes paternos de D. Lorenzo eran originarios de Vizcaya, gozando en el país de crédito y consideración. En 1570 obtuvieron real cédula de nobleza declarándolos hijosdalgo de solar conocido, en cabeza de Sancho Arrazola, cuya cédula se registró en los archivos de la villa, y fué renovada en 13 de Setiembre de 1622; y sus ascendientes maternos pertenecían también á la clase de hijosdalgo. La casa solariega, con escudo de armas de la familia, era en 1850 propiedad de los Pelegrines, y en la parroquia del pueblo existe una capilla de los Garcías en la que se conserva otro escudo de armas.

fluencias de ningún género, allí donde había escolares privilegiados y admitidos con recomendaciones especiales, los cuales se vinculaban la supremacía, dejando el último lugar para los que se hallaban en el caso de Arrazola.

Al restablecimiento de la Constitución se crearon cátedras en los Seminarios y Universidades para la explicación de aquel código y para hacer ver sus excelencias y ventajas sobre el absolutista, y como el éxito de esta enseñanza dependiera en gran parte del tacto, ilustración y buena voluntad de los profesores, se tuvo especial cuidado en los nombramientos. En el Seminario de Valderas fué designado para desempeñar este delicado cargo D. Lorenzo Arrazola (á pesar de que el único paso dado como político era el haberse alistado en la milicia nacional) quien lo desempeñó con tal acierto que hasta los partidarios del antiguo régimen no pudieron condenar sus doctrinas con tanta crudeza como en otros establecimientos.

Cuando con más ahinco se dedicaba á este estudio, llegó la quinta de 1823, en cuyo sorteo salió soldado, y rehusando los generosos ofrecimientos de su tío para librarle de ir al ejército, y rechazando también las ofertas de la autoridad superior de la provincia que trataba de eximirle contándole como servicio prestado á la pátria el haber explicado la Constitución, (1) ingresó en las filas del ejército, donde su exactitud y diligencia en el cumplimiento de sus deberes le hicieron ascender pronto á sargento, y aún tuvo extendido el nombramiento de oficial.

Durante la campaña, permaneció viva su afición al estudio, y en cuanto llegaba á un pueblo preguntaba por las personas más instruidas y que pudieran prestarle libros, que leía en el alojamiento ó en el vivac.

Después del triunfo de los absolutistas fueron enviados á sus casas los soldados que habían servido bajo la bandera de la libertad, y entre éstos se hallaba Arrazola, que marchó á Valladolid en 1825, á pesar de que el general Morillo y su coronel le instaron á que siguiera en el ejército, ofreciéndole su protección. Llegado á Valladolid, no sin haber sufrido muchos vejámenes durante su marcha, logró incorporarse en la Universi-

_____

(1) Arrazola dijo en esta ocasión que otros tan aptos como él se encontrarían para sustituirle en la cátedra sin que causara pena, mientras que sería muy difícil arrancar un soldado del techo paterno sin que se derramaran lágrimas.—Decía también que "todo joven debe seguir el ejercicio de las armas algunos años, porque allí se encuentra la mejor escuela del conocimiento del mundo, y además del desarrollo físico que adquieren nuestras facultades, se aprende el respeto, la subordinación y la galantería, sin contar con que por igual se paga á la patria el tributo más precioso, y no se establece esa odiosa desigualdad entre el pobre y el rico....,"

dad y continuó el estudio del Derecho; mas como se viera abandonado á sus propias fuerzas (pues su tío había sido despojado de su destino y hallábase perseguido por los absolutistas), con el fin de atender á sus primeras necesidades y poder seguir estudiando, hizo oposición á una cátedra de instituciones filosóficas que se hallaba vacante, la cual ganó por unanimidad y desempeñó cumplidamente. Por aquella época escribió un Tratado de Filosofía que sirvió de texto en la Universidad.

Al recibir el grado de bachiller en jurisprudencia le fué otorgado *nemine discrepante* después de unos brillantes ejercicios que fueron eclipsados por los practicados al recibirse de licenciado, en cuyo acto entregó, por el título, las certificaciones de los años que constituían su carrera, acompañadas todas de un *sobresaliente*.

El dia 24 de Julio de 1828 se doctoró en leyes ante los reyes D. Fernando y D.ª María Josefa Amalia, invitados por el Claustro para presenciar el acto de conferir dicho grado á una de sus glorias, en cuya solemnidad pronunció un hermoso discurso en latín, acerca de la abolición del tormento como medio de prueba en los juicios, el cual le valió el ofrecimiento, por parte de Fernando VII, de una toga de Alcalde del crimen que había vacante en una audiencia. Arrazola rogó al Rey que revocase aquella gracia por que deseaba dedicarse al profesorado y principalmente á la abogacía. Así lo verificó, efectivamente, reuniendo una inmensa clientela en la última profesión, donde se hizo muy pronto notable, hasta tal punto que los magistrados se asombraban de su prodigiosa fecundidad al verle subir cinco ó seis veces á la tribuna en una misma mañana para defender otros tantos asuntos, sin que sus últimos discursos desmerecieron de los primeros, y sin repetir en aquellos ningún argumento empleado en estos.

Entre tanto cumplía á la perfección en el profesorado, habiendo sido nombrado por el Claustro catedrático de oratoria, de historia y de literatura, y por el Gobierno para desempeñar la de derecho internacional y comparado.

En los nueve años trascurridos desde que se recibió de doctor hasta que fué por primera vez elegido diputado á cortes, fueron inumerables los cargos que tuvo, principalmente en Valladolid, donde residía.

Contrajo matrimonio en Villanueva del Campo, en el año 1829, con D.ª Ana Micaela Guerrero, de la que tuvo quince hijos.

A pesar de la concisión con que extractamos los datos que tenemos á la vista, no queremos dejar de apuntar un rasgo que hace mucho honor á nuestro biografiado. En 1835 hubo en la Universidad un movimiento escolar encaminado á expulsar á los catedráticos que no profesaban ideas liberales, y el Gobernador civil, al pié de cuya casa se agitaban los grupos en ademán y número imponente, le pasó una comunicación con mucha urgencia, pidiéndole en ella, con objeto de aplacar á los revoltosos, que le designase los profesores que habían de ser separados. Arrazola le contestó, entre otras cosas, lo siguiente: «Ruego á V. me libre de este compromiso que es para mí de gratitud y consecuencia. Yo llegué en 1825 á esta universidad destituido de apoyo. Traía contra mí la nota inlabable de haber venido del Ejército constitucional, comprometido por mi opinión, por mis antecedentes políticos y los de mi familia, perseguida entonces por opiniones. Todos tendieron sobre mí el manto de la generosidad y el disimulo. Fuí catedrático, fuí doctor, fuí elegido entre otros para recibir mi grado ante el Rey, y todo por la bondad desinteresada, acaso de algunos de los que á V. le habrán sido delatados..... Si la suerte destinase á mendigar á algunos de los que hoy votan en el claustro, yo tendría que dividir con ellos mi pan....... En cualquier otro asunto que V. me necesite como autoridad y como caballero privado, bien puede contar seguro con que me hallará. Mas en cuanto á los hombres que hicieron generosamente mi fortuna, otro los delate si por desgracia lo tuvieren merecido.......»

En la convocatoria de las cortes ordinarias de 1837, fué elegido por primera vez diputado por Valladolid, y aunque en ellas figuraron oradores tan notables como Alcalá Galiano, Olózaga, Toreno, Martinez de la Rosa, etc., se distinguió desde luego Arrazola por sus dotes de buen descutidor parlamentario, colocándose entre los segundos jefes de la mayoría conservadora. Estas cortes terminaron sus sesiones en Julio de 1838, y en la nueva legislatura, no obstante sus tenaces negativas, fué nombrado ministro de Gracia y Justicia del gobierno de transicción presidido por Pérez Castro, el dia 9 de Diembre de 1838, (1), continuando en el mismo ministerio al disolverse las cortes y reorganizarse el gabinete. (Noviembre de 1839).

Uno de los más grandes anhelos de Arrazola era la terminación de la guerra civil que asolaba nuestra patria, y á conseguirlo dirigió todos sus esfuerzos, teniendo la satisfación de ver realizado el principio de sus aspiraciones con el famoso conve-

(1) Antes había sido designado para tal cargo, al formarse el gabinete Frías, pero no fué posible hacerle aceptar.

nio de Vergara, en cuyo suceso le corresponde una parte muy principal.

En Mayo del año siguiente pasó la reina Gobernadora y real familia á Barcelona, aconsejado por Espartero, y allí se la hizo destituir al gabinete, precisamente al terminar la sangrienta guerra civil. Nuestro ilustre biografiado se vió en la dura necesidad de huir á Villanueva del Campo para no ser víctima de las iras que se desarrollan en épocas tan anormales como aquella. El Ayuntamiento de Madrid le declaró proscripto juntamente con los demás que formaron gabinete con él; las juntas de provincias repitieron el decreto de proscripción, y la exacerbación llegó á tal punto que algunos clubs y círculos revolucionarios pregonaron su cabeza en 2.000 duros. La persecución de que era objeto le obligó á estar oculto, sufriendo infinidad de penalidades y sobresaltos, hasta que, constituido en 14 de Octubre un Gobierno central, recurrió á él manifestando que estaba siempre dispuesto á responder de sus actos ante las cortes, pero que hasta tanto se le garantizase su persona. Así se hizo por una real órden, pero las cortes no examinaron su conducta, y tuvo que sufrir el ostracismo. Vivió en Villanueva hasta 1844; en Valladolid hasta poco después de la vuelta de Doña María Cristina á España; entonces se vino á Madrid, siendo proclamado de nuevo diputado en las elecciones de 1845.

Seguir reseñando la vida política de Arrazola seria larga tarea que no pretendemos emprender, por lo cual nos limitaremos á indicar los principales cargos y distinciones que se le confirieron.

Fué varias veces electo diputado y senador; senador vitalicio; ministro de Gracia y Justicia en los gabinetes de Perez de Castro, el marqués de Villaflores, el duque de Valencia y D. Ramón M. Narvaez (Diciembre de 1838.—Febrero de 1846.—Octubre de 1847.—Octubre de 1849.—Septiembre del 64.—Julio del 66); encargado interinamente del ministerio de la Gobernación; presidente del Consejo de Ministros (1.° de Mayo de 1864); fiscal y presidente del Tribunal supremo de Justicia, y caballero de la orden del Toisón de oro.

Además ocupó elevados cargos en muchas sociedades científicas y literarias, juntas, academias, colegios, universidades, etc.

Falleció en Madrid el dia 23 de Febrero de 1873.

GIL IZQUIERDO (D. ELÍAS).

Se trata de un humilde hijo del trabajo, que nació en Castilforte, como Rostriaga, en 10 de Marzo de 1791. Sus padres, mo-
destos labradores en el mismo pueblo, como todos, porque en
la Alcarria, generalmente hablando, la propiedad está muy dividida, eran en cambio muy ricos en hijos, pues los tenían en
bastante número, causa por la que D. Elías se trasladó á la Corte bajo el amparo de su tio D. Jorge Gil, modesto empleado en
el Consejo de Indias. Un caballero amigo de su tio llevósele á
América, á los 11 años de edad, donde á poco se quedó completamente desamparado por el fallecimiento de su protector. De
aquí parte una serie sucesiva de acontecimientos á nuestro biografiado, no fáciles de relatar. Baste saber que logró realizar
una fortuna, si no grande, al menos la suficiente para pasar por
persona principal en esta tierra alcarreña, á donde se volvió, y
donde, distinguido por sus ideas liberales, fué preso en Cuenca, escapado después, errante por los montes de su país y con-
fiscados sus bienes, aquéllos bienes adquiridos durante su estancia en América. Asíduo concurrente después á la célebre Fon-
tana de Oro, teatro de la elocuencia de Alcalá Galiano, donde
logró hacerse notar por uno de los constitucionales más exaltados, y delatado, cuando al segundo período constitucional sucedió la reacción de 1823, fué preso en la cárcel de
Villa, de donde seguramente hubiera salido para el patíbulo sin
la intervención de un su hermano, residente en Madrid, cerca
del notable realistá Cherpenón, con quien estaba emparentado,
y sin los buenos informes que los Ayuntamientos de su país
natal dieron de él. Porque debemos hacer constar que, recien
venido de América, hizo cuantiosas limosnas á los pobres y regalos de ornamentos y otras cosas á la iglesia de su pueblo.
Nuestros lectores, mejor enterados de la historia contemporánea que nosotros, saben que no era menester ser realista para
ser buen católico.

Pondremos ejemplos. Los milicianos de entonces, apresurá-
banse á llegar á su casa á la hora acostumbrada, arrimaban el
fusil á un rincón, y se ponían á rezar el tosario, ejercicio cuoti-
diano que por excepción había alguna familia que dejara de
practicarlo (1).

---

(1) Chaulié, tomo 2, pág. 27. *Cosas de Madrid.*

Riego, en vísperas de ser ejecutado, recibió la visita de dos oficiales franceses que con insistencia habían manifestado deseos de verle. Ya en su presencia, uno de ellos ofrecióle un polvito, presentándole al efecto una caja ábierta y acompañando á la acción una seña harto significativa, pero Riego contestó: «No puedo, soy cristiano.» El tabaco estaba envenenado (1).

El P. carmelita que le auxilió en sus últimos momentos, á los pocos días de la triste ejecución escribió en el *Diario de Madrid*: «Dirán algunos de sus parciales que no ha muerto como un héroe; pero yo declaro, á fé de sacerdote, que ha muerto como un buen cristiano» (2).

Volvamos á nuestro biografiado.

Inicuamente arrebatados sus bienes, que en los trastornos que se verificaron durante el primer tercio de este siglo, hubo de todo, ya por parte de unos ya por parte de otros, y sin recursos, decidió su vuelta á aquella tierra que había sido teatro de sus triunfos comerciales, y que no menos que España estaba llena de perturbaciones, poco antes y aún después de su emancipación de la madre patria. No es estraño que dados los antecedentes de su primera estancia en el Uruguay y en el Plata, su genio emprendedor para los negocios y la mobilidad de las fortunas en aquellos territorios del Sur América, después de variadas vicisitudes, lograra alcanzar una superior á la primera y que parte de ésta fuera destinada al mejoramiento moral y material de sus paisanos y del pueblo que le vió nacer, objeto constante de sus recuerdos. Estos movimientos de su voluntad, y estos sentimientos de amor patrio, constituyen el principal rasgo de su carácter y en el que nosotros nos hemos fijado principalmente también para dedicarle un recuerdo, y decidirnos á colocarle entre nuestros demás biografiados, donde dignamente ocupa el lugar correspondiente.

Vamos á relatar sumariamente algunos beneficios concedidos generosamente á su pueblo.

Costeó una fuénte pública; posteriormente, y por espacio de cierto tiempo, remitía 2.000 duros anuales con destino á limosnas; hizo valiosos regalos á la iglesia, tanto en el edificio, que fué mejorado, como en ropas y vestiduras sagradas; dotó á algunas doncellas pobres; regaló y colocó á su costa un reloj público; mandó á los vecinos de Castilforte plantasen olivos en sus propiedades, abonando 10 reales por cada planta á los po-

---

(1) Chaulié, tomo 2, pág. 51. *Cosas de Madrid.*
(2) Idem id., pág. 27. Id. id.

bres y 5 á los ricos, entendiéndose que compró algunos suelos á
los primeros que no tenían, quedando todo para ellos, dinero,
suelo y plantaciones, porque su objeto era que Castilforte flore-
ciese en aceite, caldo entonces, y aun hoy, tan apreciado; ayudó
al pueblo á comprar unos montes que por si solo no hubiera podido comprar, y finalmente, el que tenía una desgracia, encontraba, acudiendo á él, aún tan lejos como se hallaba, alivio á sus
penas, enjugando lágrimas, no solo de su amantísimo pueblo
sino de los convecinos, así como de algunos de sus antiguos
perseguidores, cuando tenía noticia de su indigente estado.

En el verano de 1863 hizo un viaje á su querida patria, y en
su pueblo, por su propia mano, repartió multitud de limosnas.
Espectáculo digno de ser visto aquél en que un venerable anciano de 73 años, después de hacer una larga travesía por agua
y por tierra con el propósito de despedirse de sus paisanos hasta la eternidad, se hallara rodeado de estos recibiendo las gracias por tantas atenciones prodigadas.

Supo, sin embargo, que había algunos desagradecidos, que la
ingratitud es planta que se aclimata en todas partes, y pensó en
la creación de una escuela de primera enseñanza superior para su
pueblo, por suponer fundadamente que el hombre, cuanto más
ilustrado, está más en el caso de apreciar los beneficios que reci-
ba de sus semejantes. Si por completo no se llenaron sus deseos
en este punto, no fué suya la culpa.

Murió en Montevideo, y á su muerte dejó legados de relati-
va importancia á parientes y extraños pobres. Dejó además
20.000 reales para que se destinaran á la compra de una casa-
habitación para el maestro de primera enseñanza de su pueblo,
á quien no olvidó ni en el último momento, cuyo particular ha sido cumplimentado con las debidas formalidades el año próximo
pasado (1887).

Si después de lo dicho tenemos en cuenta que el Sr. Izquierdo era padre, comprenderemos fácilmente cuan grande era el
amor á su país, que le asemejaba al paternal, el amor de los
amores, el sentimiento por excelencia.

LÓPEZ PELEGRÍN (D. RAMÓN.)

Muchos hijos ilustres ha dado á la provincia de Guadalajara la familia de los López Pelegrin, y buena prueba de ello es la frecuencia con que se repite este apellido en nuestra Colección de biografias.

Correspóndenos ahora hacer la de un personaje que ocupó elevados puestos y figuró bastante en los sucesos políticos del reinado de Fernando VII. Don Ramón López Pelegrín, que así se llamaba, nació en Molina de Aragón y estudió en la Universidad de Zaragoza, donde obtuvo los grados de bachiller en filosofía y teologia. En 1787 fué elegido presidente del Colegio de San Pio V, elección que confirmó el Claustro de aquella Universidad, y en 1790 se doctoró en derecho canónico, mereciendo siempre muchas distinciones de sus profesores que le confiaron honrosos cargos. Ejerció el de secretario de la Real Academia de Jurisprudencia práctica, de Zaragoza; fué abogado de la Real Audiencia de Aragón y tuvo otros títulos que detalladamente se expresan en una certificación expedida en Zaragoza el día 24 de Mayo de 1794 por el escribano D. Francisco Antonio Torrijos.

Llegó la época en que el pueblo español se levantó enérgico y terrible á rechazar la invasión francesa, y D. Ramón López Pelegrín, que era Oidor de la Chancillería de Valladolid desde el año de 1804, tomó desde luego parte muy principal en aquél patriótico movimiento, siéndole conferido en el mes de Noviembre de 1808 el honroso cargo de presidente de la Junta general de armamento y defensa de Castilla la Vieja, teniendo que emigrar á Sevilla á principios de 1809 y después á Cádiz.

Más tarde se le nombró ministro de la Real Junta de Represalias, desempeñando también la plaza de individuo de la de Censura de imprenta.

Obtuvo en los años sucesivos los siguientes nombramientos:
Fiscal de la Sala provisional de Justicia de Hacienda (1811).
Fiscal del Supremo Tribunal de Justicia (1812).
Fiscal del Consejo de Castilla (1814).
Ministro en propiedad del mismo Consejo (1815).
En el mes de Marzo de 1820, cuando el Rey, amedrentado con los imponentes alzamientos de los constitucionales, había

prometido convocar cortes, empezando un periodo de libertad que duró solamente hasta el año 23, volvió el Sr. López Pelegrin á la Fiscalía del Supremo Tribunal de Justicia, y, trascurridos doce meses, quedó de magistrado en propiedad en dicho Supremo Tribunal.

En el mismo año de 1821 fué nombrado Secretario de Estado y del Despacho de la Gobernación de Ultramar (1).

Fernando VII tuvo con él gran confianza, por lo menos así lo hace suponer una carta reservada que le dirigió, escrita de su puño y letra, quejándose de D. Ramón Feliú, á la sazón Ministro de la Gobernación, indicando su deseo de separarle de aquel destino y de que le reemplazara interinamente el Sr. López Pelegrin (2).

En la reacción del año 23 algunos indivíduos de la familia del Sr. López Pelegrin, que residían en Cobeta, fueron tenazmente perseguidos como liberales; pero nuestro biografiado, que gozaba de mucha influencia con el embajador inglés, logró, por mediación de éste, que se les considerara como súbditos de Inglaterra, con lo cual consiguió librarles de muchas penalidades.

Nuestros lectores saben que en el mes de Marzo de 1830 se promulgó la pragmática-sanción de 1789, que no todos conocían, y que era contraria al Auto-acordado de Felipe V que estableció en España la ley sálica francesa, pragmática que fué derogada en 18 de Septiembre del año 1832 por un codicilo arrancado á Fernando VII por los partidarios de D. Carlos, ayudados del ministro Calomarde que imbuyó en el ánimo del regio enfermo la perspectiva de un espantoso porvenir si no tomaba esta determinación. Cuando ya los carlistas se creían victoriosos y divulgaban el contenido del codicilo, algunas perso-

---

(1) Así se llamaban entonces á los que hoy designamos con el nombre de Ministros de Estado y de Ultramar.

(2) Dice así la citada carta:
"San Lorenzo 7 de Noviembre de 1821.—Pelegrin. Como tengo mucha confianza en tí y sé lo que me estimas, te escribo esta reservadísima para decirte, que ya habrás visto como tenía yo razón de desconfiar de Feliú, y ha acabado de desacreditarse enteramente para conmigo con el último paso que ha dado quitando á Barata y poniendo á Vallejo; te confieso que me ha engañado como á un chino; veo palpablemente su doblez y mala fé, y así es imposible que yo pueda tener ya confianza en él; por lo cual he determinado separarle del Ministerio; y quiero que á vuelta de parte, y con la misma reserva, me envies el proyecto de decreto, encargándote á tí interinamente dicho Ministerio, pues tengo confianza en tí.—A Dios Pelegrin.—Fernando.—Te repito que esto es muy reservado y que no lo sabe nadie más que nosotros dos."
En otra carta le dice lo siguiente:
"Palacio 20 de Enero de 1822.—Pelegrin. Me subirás después de la corte los papeles relativos á la compra de la Escuadra Rusa, y todas sus incidencias, pues los debe tener reunidos el oficial de la Secretaría Heredia, según me dijo Bardají, y después de reconocidos por mí te diré lo que debe hacerse como negocio dirigido por mí directamente con el Emperador Alejandro.—Fernando."

nas acuden á Palacio, hacen ver á la familia real la superchería de que habían sido víctimas y llaman á la infanta Carlota, quien, llenando de improperios á Calomarde en presencia del Rey, convence á éste con enérgicas palabras de la maldad del ministro y se hace entregar el famoso documento, que rasga en mil pedazos. Entre los que influyeron en los indicados sucesos y en la formal anulación de la ley sálica, verificada en 31 de Diciembre de 1832, se hallaba D. Ramón López Pelegrin, que contribuyó decisivamente á este resultado.

Al fallecimiento del Rey nombrósele Juez de la testamentaría de Palacio, y el año 1834 decano de la Sección de Gracia y Justicia del Consejo Real de España é Indias.

Fué diputado á cortes en las segundas de Cadiz, prócer del reino y senador después.

LÓPEZ PELEGRÍN Y ZAVALA (D. SANTOS).

(ABENAMAR).

Vamos ahora á biografiar otro hijo ilustre de esta provincia, si no completamente desconocido, al menos olvidado, que el olvido es achaque de todos los tiempos, de todos los lugares y de todas las personas, tanto más cuanto que, á pesar de pertenecer á este siglo, lo es á la vez á una generación ya casi completamente extinguida. De los triunfos literarios del Sr. López Pelegrín, persona de viso, pocos testigos presenciales podrían ser hoy consultados; y así reconocemos nosotros que estas biografías nuestras, aunque cortas é incompletas, son convenientes hasta tanto que otra persona venga á escribirlas con la debida extensión y como la importancia de algunos de los personajes lo merece, porque queda consignado en el papel, mejor ó peor ordenado, lo que se halla esparcido en diferentes sitios, difícil de consultar, y lo que se halla en la memoria de las gentes que, conservado por la tradición, llega más ó ménos tarde á borrarse ó á extinguirse por completo.

Siguiendo en lo posible el orden cronológico, empezaremos por ocuparnos de los primeros años de la vida de D. Santos.

Nació en Cobeta, pueblo de 547 almas, perteneciénte al Señorío de Molina, el día 1.° de Noviembre de 1801, y fueron sus
padres D. José López Pelegrín y D.ª Manuela Zavala.

Muy niño debió trasladarse á la Corte, porque allí estudió
los rudimentos de latinidad y retórica y poética con el profesor D. Luis de Mata y Araujo; mas como por otra parte vemos
que en 1819 incorporó en la Real Universidad de Alcalá de Henares un curso de lógica y matemáticas y otro de metafísica y
filosofía moral, que había ganado en el Colegio Imperial de la
Corte, famoso en sus tiempos por las muchas personas de viso
que allí estudiaron, rectificamos lo de muy niño, pues parece
deducirse que su estudio del latín lo empezaría á los 13 años
lo menos. Hoy nos parecería extraño que un joven ingresára
de esa edad en el Instituto de 2.ª enseñanza, acostumbrados como estamos á verlos hasta de 8 años, pero en el pecado de sus
padres llevan la penitencia ellos, á todas luces injusta. Si es verdad que salen con más variados conocimientos, y esto es una
ventaja (no la logran todos), pero en cambio son menos profundos esos conocimientos por la falta de base mal adquirida en
edad tan temprana.

No obstante, el Sr. Pelegrín se recibió de abogado de los
Reales Consejos, previo el examen é informes de estilo, el 19 de
Mayo de 1827, á la sazón de 26 años no cumplidos, cuyo título
le fué expedido en 23 del mismo mes y año.

Claro está que para obtenerle pasó por todas las pruebas que
se exigían en aquella época. Así, desde que los estudios hechos
en el Colegio Imperial los incorporó á la Universidad de Alcalá, siguió en ésta el estudio de la jurisprudencia, ganando los
cursos correspondientes á esta facultad, hasta que, previos los
ejercicios de costumbre, se recibió de Bachiller en derecho civil, con la nota de *nemine discrepante*, en 1.° de Junio de 1822,
grado que revalidó en la citada Universidad el 19 de Noviembre de 1824, precedido del juramento correspondiente.

Durante los años de su carrera sustentó y defendió varios
actos públicos y conclusiones, que así era la práctica establecida en aquellas célebres universidades, gloria de nuestra patria,
cual la de que nos ocupamos, y la celebérrima de Salamanca.

De ánimo fuerte, decidido y resuelto, como el de aquellos
oidores que arribaron á América en los primeros años de la
conquista, debía ser el Sr. López Pelegrín, cuando sin temor á
los peligros de una navegación tan larga como entonces era á
Filipinas, pues aún, como todos sabemos, no se había verificado la apertura del canal de Suez, decidió embarcarse para

aquél punto con el cargo de Asesor general del Gobierno de las Islas Filipinas, para que había sido nombrado por S. M. á consulta de la Cámara de Indias, en 6 de Junio de 1828, es decir, cuando apenas tenía 27 años y hacía uno que había concluido la carrera.

Mucha debió ser la confianza que inspirára el Sr. Pelegrín, cuando para tan elevado cargo le nombraron tan joven. Que respondió cumplidamente á esa confianza lo vamos á ver.

Arribó á Filipinas después de una travesía llena de riesgos y padecimimientos, y allí permaneció próximamente tres años.

Durante ellos, con celo, laboriosidad y acierto contribuyó con sus dictámenes el fomento de las rentas, especialmente á la del tabaco, en cuyo tiempo se aumentaron dos barrios más para la siembra de este artículo en Ganapán; igualmente contribuyó á que se creasen dos pueblos de consideración, formados de los infieles que vivían errantes en los montes de Abra de Ilocos Sur, que previamente habían sido convertidos á la fé católica; fué nombrado además Auditor del Consejo de revisión de Marina, porque, según un documento que tenemos á la vista, debiendo recaer este delicado encargo en una persona caracterizada que, á las circunstancias señaladas por las leyes, reuniera las de probidad, instrucción y sano juicio, y reuniéndolas todas el Asesor Pelegrín, creía (el Excmo. Sr. D. Pascual Enrile, Segundo Cabo) sería conveniente al servicio de S. M. nombrarle, sin embargo de no haberlo solicitado. Se verificó así por el Excelentísimo Sr. Gobernador que á la sazón lo era D. Enrique Ricafort.

Cuéntase entre las diferentes providencias que dictó el señor Pelegrín la de permitir la libre exportación del arroz á China, Joló, Singapore y otros puntos, cuya providencia produjo á la agricultura y comercio de Filipinas cuantiosas utilidades.

Realizó su vuelta á España, y fué nombrado Magistrado de la Audiencia de Cáceres y luego Teniente de villa, Alcalde corregidor de Madrid, cuando en este comenzaron á introducirse algunas reformas, como cambiar el alumbrado de candilejas por excelentes reverberos, y otras.

Fué Diputado á Córtes en el segundo periodo constitucional, en 1838, á poco de promulgada la constitución del año anterior que no produjo los efectos que se esperaban, pues á pesar de ella los constitucionales seguían divididos como los carlistas, en exaltados y moderados, circunstancia que se aprovechó en estos para llegar al convenio de Vergara, aspiración de muchos, que bastante tiempo se llevaba vertiendo sangre.

En 1840 fué Diputado otra vez. De estas épocas deben provenir sus aficiones literarias de que ahora hablaremos.

Abandonemos, pues, la política y la administración y ocupémonos de literatura, si estos nombres pueden aplicarse con propiedad á lo que nosotros estamos haciendo; es decir abandonemos á D. Santos López Pelegrín y ocupémonos de *Abenamar*.

Volvió D. Santos de Filipinas en el mejor de los tiempos posibles, cuando la mordaza puesta á los escritores desde 1813 (1) había sido sustituida por una previa censura templada y culta, según los que de aquellos tiempos se ocupan, que nosotros no conocimos. Ello es que á esta determinación se sucedió un cambio repentino, como si por mucho tiempo hubiera estado elaborándose en silencio y á la sombra é instantáneamente hubiera salido á la luz. A la *Gaceta*, *El Diario de Avisos* y á *El Correo Mercantil*, tolerado por privilegio, únicos periódicos que se publicaban en Madrid, se sucedieron otros muchos como *El Boletín del Comercio*, *La Estrella*, *El Siglo*, *El Compilador*, *La Revista Española*, además de *El Artista* y *El Semanario Pintoresco*, dirigido éste por D. Ramón de Mesonero Romanos y del cual hemos visto algunos ejemplares, ambos absolutamente literarios.

Pues bien, en el periodismo encontró la imaginación de *Abenamar* ancho campo en que recrearse, cultivando el género satírico, que es en el que llegó á distinguirse notablemente, colaborando en muchos periódicos y revistas así políticos como literarios. Durante su tiempo llegaron las corridas de toros á su mayor apogeo, pues sabido es que Fernando VII, como buen aficionado é inteligente en la materia, las protegía hasta el punto de que por ellas creó aquella célebre universidad taurómaca de Sevilla.

Entre los aficionados notables de aquel tiempo, fuera el Rey, cuéntase el primero á D. Santos Lopez Pelegrín, verdadero inteligente en toros, cuyas revistas, notables por su punzante sátira, su conocimiento en el toreo y su imparcialidad en los juicios críticos, eran leidas con deleite. Estas revistas fueron publicadas principalmente en *El Correo Nacional* y en el periódico *Abemanar y el Estudiante* y debieron su celebridad, según un escritor, «más bien que á los principios doctrinales sustentados en ellas, á la gracia de su dicción y á las alusiones políticas de que estaban sembradas.»

Inspirada por Montes, á quien protegió, redactó la Tauroma-

---

(1) A esta mordaza había precedido un periodo de franca emisión del libre pensamiento, de 1820 á 23.

quia, que dió á luz con el nombre del célebre diestro, en 1836.
Luego, en 1842, publicó la *Filosofía de los toros,* que puede considerarse como una segunda edición de la obra mencionada.

Escribió en verso y en prosa, y así como los toros y otros asuntos, la política le daba materia para sus versos.

Como prueba de esto último, el Sr. Bermejo, en su libro *La Estafeta de Palacio,* refiere que en las cortes de 1840, Olózaga y Alaix se abrazaron, imitando después su ejemplo los demás diputados y ministros, con el aplauso de las galerías. Añade que el poder militar, cada día más pujante y que amenazaba invadirlo todo, se aliaba á quien antes había mirado con enojo, y con esta alianza habían de venir á España males sin cuento. (1) En apoyo de esta afirmación recuerda y trascribe una composición de *Abenamar,* descriptiva de aquel acto á que llamó *escena lacrimosa* y que debió presenciar como Diputado á la sazón. Dice así:

«Lloraban los diputados,
lloraban las galerías,
lloró la mesa y los bancos,
lloró del trono la silla;
los taquígrafos lloraban,
y lloraban las cuartillas,
y por llorar toda España
á su tiempo lloraría.»

Cuya composición responde efectivamente á su título, pues no hay verso en que no se llore.

Con Mesonero Romanos y D. Modesto Lafuente fué el principal impugnador de la escuela romántica, puesta en moda en su tiempo, contra la cual escribió sendas y razonadas parodias con aquella fina sátira que le distinguía.

Fué individuo de mérito del Liceo Artístico y Literario de de Madrid, sociedad la más importante en su tiempo; y por último, le citan entre los literatos, publicistas y críticos del siglo XIX, Ossorio Bernad, Chaulié y Barcia en su monumental diccionario.

Escribió y publicó las obras siguientes:

Un tomo de *Poesías, Abenamar y el Estudiante y Filosofía de los toros.*

Comedias:

Cásate por interés, Ser buen hijo y ser buen padre y A cazar me vuelvo.

---

(1) Desempeñaba entonces el Ministerio de Gracia y Justicia el ilustre D. Lorenzo Arrazola, que fué uno de los poquísimos diputados á quien el entusiasmo general no contagió, creyendo que aquella concordia sería efímera ó perjudicial.

No publicadas:
Cristobal Colòn y *Abdala.*

Falleció en 1846. Tenía por consiguiente 45 años cuando dejó este valle de lágrimas. Relativamente joven era. Aun hubiera podido producir más su ingenio humorístico para entretenimiento, solaz y enseñanza de sus lectores.

MARTÍNEZ IZQUIERDO (D. NARCISO.)

Es Molina pedazo de esta provincia de donde seguramente podríamos aportar lista copiosísima de varones ilustres con que enriquecer la presente Colección si no hubiera de estar terminada en día fijo, circunstancia que nos impide hacerla más numerosa.

Entre los molineses de los tiempos contemporáneos descuella el que llevaba el nombre con que encabezamos estas líneas.

Hijo de pobres labradores, nació en Rueda, pequeño pueblo de 354 almas, el día 29 de Octubre de 1831.

Es natural en los padres que se preocupen del porvenir de sus hijos, y piensen en el estado que les ha de convenir, aunque estaba y está fuera de discusión en ciertas familias que uno de los mejores es el de eclesiástico, y á conseguirle para uno de sus miembros dirigían todos sus esfuerzos, y esas eran todas sus aspiraciones, sin duda por la aureola de consideración y de respeto de que suelen estar rodeados los sacerdotes, y muchos de santidad y de talento, como sucedía á nuestro paisano, por las virtudes de que se hallaba adornado, y por creer que el sacerdocio es uno de los caminos más seguros para llegar á la perfección cuando se va vía recta.

Indudablemente que para elegir profesión se sigue teniendo en cuenta por algunos aquél antiguo refran de «Iglesia ó mar ó casa real» que dice Cervantes cuando nos cuenta la Historia del cautivo.

Esta teoría puesta necesaria y principalmente en práctica por las familias nobles para los hijos menores, por efecto de las vinculaciones y mayorazgos, tenía aplicación decida y constante en ésta como en otras provincias, especialmente por lo que hace referencia á la primera de las profesiones mencionadas en el refrán, aún contra la vocación de los directamente interesados, y así, y porque muchas familias de escasos recursos querían también que sus hijos fueran curas, los partidos de Molina, Atienza y Sigüenza particularmente, daban un contingente respetable al seminario establecido en esta última ciudad, á más de los que fluían á los conventos y monasterios.

Sin duda que los padres del Sr. Izquierdo, impregnados de las ideas mencionadas, llevados del amor que profesaran á su hijo y porque descubrieran en él cualidades poco comunes, decidieron hacerle sacerdote, ya que marino ó comerciante ó soldado de que nos habla el refrán no pudieran hacerle en tan ventajosas condiciones.

Ello es que á los 12 años empezó sus estudios, habiéndolos de abandonar en breve por falta de recursos.

Reanudólos siete años más tarde, cursando latinidad y humanidades en el Colegio de Molina de Aragón, mereciendo ser calificado como sobresaliente, por donde se deduce que desde luego empezó á dar muestra de sus bellas disposiciones para el estudio, tanto más cuanto que los cursos siguientes hasta el 4.º de latín y 1.º de filosofía los aprobó en el Seminario Conciliar de S. Bartolomé de Sigüenza con la nota de *meritíssimus*, siendo admitido como colegial pensionista, digno premio á su aplicación, á su laboriosidad, á su constancia, tanto más digna de loa cuanto mayores son los obstáculos que se oponen á la realización de nuestro deseo, y más cuando este es aspirar á la posesión de la verdad mediante el estudio. Los méritos de nuestro personaje empezaron, pues, á manifestarse desde muy temprano. Su vida de estudiante fué una serie sucesiva de triunfos académicos, y hasta tal punto se sobrepuso á todos sus condiscípulos, que era su censor al propio tiempo que su guía. Es notorio que ningún ejercicio ni trabajo se daba por terminado entre ellos sin que antes lo sometiesen á su juicio crítico, bastando que por él hubiese sido aprobado para que el consultante saliese satisfecho y orgulloso.

En 1856 se trasladó á la Universidad central, y en un solo año aprobó las asignaturas de la segunda enseñanza, y tomó el grado de Bachiller con la nota de *sobresaliente*.

Regresó á Sigüenza, ingresó como colegial interno en San Bartolomé, y los cuatro años de Teología los aprobó con la nota de *meritísimus* también, recibiéndose de Bachiller en esta facultad en 29 de Septiembre de 1860, no sin haberse ordenado antes de Presbítero en 13 de Abril de 1859. En Noviembre de 1864 ganó moralmente por oposición la canongía penitenciaria de la Catedral de Sigüenza y los grados de Licenciado en Derecho canónico y Doctor en Sagrada Teología los ganó en el Seminario central de Toledo con la nota de *nemine discrepante*, en 1866. Tenía por consiguiente, 35 años, 16 por lo menos dedicados á la cuotidiana tarea del estudio, á esa labor constante de asimilarse conocimientos reglamentarios, digámoslo así, para probar periódicamente hasta qué punto habían sido asimilados. Es una tarea improba, para la cual se necesitan alientos verdaderos. ¡Cuántos desmayan en el camino!

Tales cualidades le elevaron en Sigüenza no sólo sobre sus condiscípulos, si que también sobre sus maestros, hasta el punto de alcanzar ciertos destinos del Seminario, desempeñados con acierto; y aunque rigoroso en las cuestiones académicas, era querido al propio tiempo que muy respetado. Nunca empleó el castigo, pero sí la sátira en momentos que él solo sabía elegir.

Uno de los cargos que desempeñó fué el de profesor de lengua hebrea, para el que fué nombrado en 28 de Setiembre de 1854, hasta 1863.

Como prueba de su facilidad para asimilarse conocimientos, cuéntase que en 6 meses del año anterior al 54 se impuso de tal manera en la lengua hebrea, de tal manera llegó á poseerla, que salió fuera de las condiciones de profesor vulgar.

Cursaba 4.º año de Teología, cuando le nombraran profesor de 1.º y de Religión, cátedras que desempeñó por algún tiempo en propiedad, porque según tradición de seminaristas de aquellos tiempos, parece que todo lo sabía por intuición; así es que cuando leía alguna cosa, no estudiaba, recordaba. La Teología, difícil para muchos, era para él sencillísima; y de primera intención explicaba con verdadero aplomo y buen sentido los periodos más oscuros de Santo Tomás, Alvarez, Scoto y otros autores.

Otro de los cargos que ejerció fué el de bibliotecario del Seminario, donde dejó recuerdos de su actividad, de su amor al trabajo y de su saber, que de todo necesitó para clasificar y ordenar más de 6.000 obras (no volúmenes) y hacer el correspondiente catálogo, obras hacinadas y revueltas en una sala por motivo de traslado de la biblioteca. Todo lo hizo en unas vacaciones de verano.

Para concluir con su estancia en Sigüenza, referiremos una anécdota:

Las comidas en los Seminarios son presididas por el Rector ó Vicerrector, y durante ellas siempre se lee por un seminarista alguna cosa útil. Tratándose de gente joven no es muy extraño

que se preste más atención á lo que se come que á lo que se lee,
y aún se dejen percibir siseos y murmullos producidos por la
conversación más ó menos velada de cada uno de los asistentes
con sus inmediatos: cuando presidía Izquierdo,.por delegación
ó por ausencia de aquellas autoridades, se oía el ruido de los
platos únicamente. Una de las veces que éste presidió, sin em-
embargo, rieron los seminaristas á propósito de la lectura de
aquel día, que á la sazón versaba sobre las circuntancias que
acompañaron á la realización de un milagro, visto lo cual por
Izquierdo, con el mango del cuchillo de que se servía, dió un
golpe sobre la mesa, con el objeto de llamar sobre sí la atención de los 150 seminaristas, y una vez conseguido, se levanta
con ademán grave, pasea su mirada fría y severa por la multitud, y dice: "Sólo Voltaire se reiría de los milagros„. Desde entonces, dicen los que presenciaron aquella escena, se oían volar
las moscas en el refectorio cuando presidía Izquierdo. Y no es
que fuera malo, como dijimos antes, porque en las consultas
con que á él acudían los mismos estudiantes, y en su trato íntimo, era afable y· cariñoso, si bien la risa se veía muy pocas
veces en sus labios.

Fué luego Canónigo magistral de la Metropolitana de Granada, Arcediano de su Catedral; y aprovechando sin duda esta
circunstancia de residencia, se hizo Licenciado en Filosofía y
Letras por aquella Universidad.

Vemos, después de lo referido, una perseverancia en el estudio por parte de nuestro biografiado que causa admiración;
una carrera concluida con notas brillantísimas, y desempeñando cargos que, por punto general, sólo se adjudican al mérito
en reñidas oposiciones, lo cual hace suponer en él una inteligencia vigorosa, y así era en efecto; y como los que se dedican
al trabajo no tienen tiempo de pensar en cosas malas, nuestro
paisano era también virtuoso. ¿Qué extraño es, pues, que por
esto, y por haber sido siempre ajeno á todo partido político y
á toda intriga curialesca, fuese propuesto como uno de los can-
didatos del gobierno que presidía el Sr. Castelar, á quien pú-
blicamente había combatido én las Córtes constituyentes, para
Obispo de la diócesis de Salamanca?

Hízose cargo de ésta en 7 de Marzo de 1875 y en ella, por
espacio de diez años, ejerció su ministerio pastoral de una manera modelo.

Representó como Diputado á su distrito natal en las Cortes
constituyentes, y brilló por sus talentos entre el concurso de las
inteligencias allí reunidas.

Cuando el fallecimiento de la simpática reina Mercedes, tuvo á su cargo la oración fúnebre, donde reveló que era una gloria del episcopado español por su vasta erudición y por sus grandes condiciones oratorias.

Otra oración fúnebre pronunció en honor de Miguel de Cervantes Saavedra, con ocasión de otras honras que le dedicó la Real Academia de la Lengua, y en ella estuvo elocuentísimo.

En 6 de Mayo de 1879 se le concedió la gran cruz de Isabel la Católica.

Fué Académico correspondiente de la Española.

En las Cortes de la restauración representó como Senador á la provincia eclesiástica de Valladolid, donde hizo una campaña notable á favor de sus ideales, que fué elogiada hasta por sus mismos adversarios.

El Gobierno de España se decidió á crear una nueva diócesis denominada de Madrid-Alcalá, teniendo en cuenta lo estipulado con la Santa Sede acerca del particular en el novísimo concordato, y al efecto se fijó para que ocupara la nueva silla episcopal en nuestro biografiado, lo que no es extraño, dadas las cualidades que le distinguían, á la ligera enumeradas, y además la experiencia acreditada mediante diez años de ministerio pastoral en la diócesis de Salamanca.

Fué, pues, preconizado primer Obispo de Madrid-Alcalá en 17 de Marzo de 1885, habiendo tomado posesión en 2 de Agosto del mismo año.

Se enseñoreaba el cólera morbo de algunas provincias de España cuando hacía su solemne entrada el virtuoso prelado en Madrid, que también fué víctima del contagio, y uno de sus primeros actos fué visitar el hospital de coléricos y los puntos más atacados por la epidemia, cuales fueron los barrios de la Guindalera y de la Prosperidad, donde casa por casa iba dejando consuelos morales y en especie.

Se había propuesto reorganizar su diócesis y establecer con mano firme, vigorosa y decidida, una saludable y necesaria disciplina por la especie de anarquía existente entre parte del clero de Madrid.

Su paso por este episcopado fué breve: una mano criminal, sacrílega, parricida, fué la encargada de cortar el hilo de una existencia tan laboriosa, dedicada siempre al estudio, á la defensa de los intereses católicos, al bien.

El día 18 de Abril de 1886, día en que la iglesia católica celebra la entrada triunfante de Jesús en Jerusalem, cuando nuestro Obispo se dirigía á la Catedral, en cumplimiento de su sagrado ministerio, en las gradas de la misma, antes de traspasar el dintel de la gran puerta de entrada, traidoramente recibe varios tiros de rewolver que le dejan moribundo, ante cuyo espectáculo dice Ortega Munilla: «Las detonaciones de una arma de fuego interrumpen las salmodias, los grupos de rubias palmas se concentran cabeceando en torno al horrible grupo que forman un obispo moribundo y un clérigo que empuña un rewolver. La naturaleza del crimen, la calidad del agresor y de la víctima, el santo paraje en que se comete el impío atentado, el día mismo, con sus sacrosantas tradicciones y sus cristianas alegrías, todo da al suceso el carácter más espantoso.» (1)

A las cinco y cuarto de la tarde del día 20 exhaló su postrer suspiro el ilustre hijo de Rueda. Una sencilla losa sepulcral, colocada en la parte superior de la nave del centro de la Catedral, junto al presbiterio, en el suelo, indica que allí yacen los restos del primer Obispo de Madrid-Alcalá, Excmo. é Ilmo. Señor D. Narciso Martínez Izquierdo, egregio paisano nuestro.

La prensa periódica, haciéndose eco del general sentimiento producido por tan triste suceso, dedicó gran parte de sus columnas á honrar la memoria del sabio prelado.

«La Iglesia de Madrid-Alcalá, decía una publicación, acaba de perder á su primer Prelado, mártir de sus deberes pastorales, y con la iglesia de Madrid llora esta pérdida todo el mundo católico, porque el Ilmo. Sr. Martínez Izquierdo era conocido en todas partes por su talento, por su elocuencia, por sus grandes conocimientos en todas las ciencias sagradas y profanas. Su martirio agigantará aun más su nobilísima figura, digna por este solo hecho de ser colocada entre las primeras de la iglesia española.»

«Nos parece estarle oyendo todavía, cuando á los pocos días de haber hecho su entrada en esta corte tuvimos el gusto de visitarle con todos los redactores de *La Unión* en su palacio episcopal. De su boca oímos las mismas palabras que en Roma nos dijo la Santidad de León XIII: «Ante todo y sobre todo, deben colocar Vds. los intereses católicos, que son los vitales para la sociedad. En política, pueden moverse los católicos dentro del círculo que les tracen sus convicciones personales, siempre que estas no estén en pugna con las enseñanzas de la Iglesia.» (2)

«El que fué gala de la Sagrada Cátedra en el Parlamento y defensor elocuente de los derechos del Pontificado, el celoso Pastor cuyos esfuerzos todos se encaminaban á regular la vida eclesiástica de sus nuevos diocesanos; el protector de la enseñanza; el sabio maestro, el cariñoso consejero de cuantos á su virtud y á su ciencia acudían, ha muerto víctima de un cobarde asesinato............» (3)

«El que nació en modesto lugar, nido de la honradez y de la virtud,

(1) «El Imparcial» del 19 de Abril de 1886.
(2) *La Unión* del 20 de Abril de 1886.
(3) *El Noticiero.*

ha muerto en el portal de la casa de Dios. Príncipe entre los príncipes; magnate por su talento, magnate por su posición; el que percibía para trasmitirla íntegra á los pobres y á las necesidades de la Diócesis cuantiosa y codiciada renta, ha exhalado el postrer suspiro, lejos de toda pompa, exhausto de toda grandeza.» (1)

«El sentimiento de la opinión pública ha sido grande, sincero, (dice *El Imparcial* hablando de la muerte del Prelado) y á él se han asociado, no solo aquéllos que pierden en el venerable Prelado al Pastor santo y al guía de las almas, sino también cuantos rinden tributo á la rectitud, al mérito personal y á las más excelsas cualidades humanas, realzadas por terrible contraste cuando las arrebata á la sociedad un crimen nefando. El duelo de Madrid por su primer Obispo llena de tristezas hoy la vida de la capital de la Monarquía. Desde la egregia dama que en augusto palacio llora el trágico fin del Prelado, hasta la pobre madre de familia obrera que en el estío anterior, cuando el cólera amenazaba á Madrid, recibió de la pródiga caridad del Sr. Martinez Izquierdo auxilios y consuelos, todas las clases, todos los estados, tienen su parte en el dolor y llevan sus lágrimas á esta desgracia.»

«El primer Obispo de Madrid-Alcalá representa, en primer término, el triunfo social del talento y el estudio que desde humildísimo cuanto limpio linaje asciende á ocupar las más altas dignidades de la vida. Es preciso recoger en síntesis cronológica los afanes, los tormentos, las aflicciones, las luchas que forman esa vida que acaba de extinguirse para comprender su mérito y el respeto que merece..............»

El Liberal dijo que el Sr. Obispo fué hombre de gran caridad, de sólida ciencia y de gran rectitud.

«Sabio y virtuosísimo Prelado, cariñoso y amante padre, y fino y cumplido caballero, no era digno de que una mano aleve atentara contra su existencia.............»

«Varón preclaro por su talento y su ciencia, y digno de toda veneración por su justificación y virtud.....»

«La prudencia fué la norma de todas sus acciones, y no descendió jamás al terreno de la impremeditación, ni procedió con ligereza...»

«Mártir de su deber y testigo de su conciencia, se ha presentado siempre el Sr. Martinez Izquierdo hasta el momento mismo del sacrificio, y *deudor de á fé*, como decía Tertuliano, ha arrostrado hasta el martirio.» (2)

¿Qué causas armaron el brazo del infeliz Galeote? Oigamos lo que dice la prensa en aquéllos días:

«Son los días de lucha y de rudeza. Los ecos de revuelta que flotan por los aires conmueven también los ámbitos del templo, y el espíritu, tocado de tristezas que huyendo de humanas contiendas, acude á recogerse á la sombra de la cruz, es arrojado de allí por el mismo sentimiento de pavor. El odio se respira en los aires; las luchas de clases, de estados y de gerarquías llegan al templo. En pocos meses, la historia negra ha podido apuntar en sus páginas la muerte de un general frente á un castillo sublevado,... la de un prelado ante el altar. ¿Qué ho-

---

(1) *El Noticiero.*
(2) Santiago María Lamana, Presbítero.—*Unión* del 20 de Abril de 1886.

rrible desquiciamiento es este? ¿Que angustioso periodo de fiereza estamos atravesando?» (1)

«También el Sr. Martinez Izquierdo (como el redentor del mundo)
vino á redimir el culto de prácticas ilegales, de vicios sancionados por
la costumbre.» (2)

«Porque se vé que un sacerdote, estimando caso de honra que se le
hubiera quitado la misa que decía en un oratorio, y por la cual le daban de limosna 18 reales, por su propia mano ha buscado reparación á
un supuesto agravio, poniendo su furor, para mayor agravación, en la
persona del Prelado, del superior gerárquico, de quien el sacerdote Galeote se ha convertido en juez y en asesino.....»

«Porque se vé además, por otros síntomas y algunos escritos, la
indisciplina y desarreglo que atormenta á cierta parte del clero.» (3)

«Una propaganda impía, hecha por parte de la prensa, levantó el
grito terrible de *Non serviam*, y tergiversando las intenciones é inter-
pretando las medidas, dió lugar á que pasiones mezquinas se desperta-
ran, y se diese el expectáculo horrendo y sacrílego que deplora con lágrimas de sangre toda la católica España.» (4)

Y sin embargo, «Más que nadie debe el clero de Madrid á la acción salvadora de su Prelado. El Ilmo. Sr. Martinez Izquierdo se preo-
cupaba principalísimamente en mejorar la situación moral y material
de sus sacerdotes. ¡Qué no hizo por buscar una colocación que se aco-
modara á las condiciones del desdichado clérigo que ha atentado á sus
días! ¡Qué no ha hecho por llevar cuanto antes á feliz término el arreglo parroquial que hubiera sido beneficioso para todos, para sacerdotes
y fieles!» (5)

Hemos trascrito los anteriores párrafos para que, sirviendo
de prueba, nuestros lectores juzguen, si bien comprendemos que
las piezas del proceso son incompletas.

Para nosotros es evidente la perturbación moral del asesino,
por su carácter, según nos le presentaron los periódicos en aquellos tristes días, y por ciertas predicaciones atentatorias al principio de autoridad y de disciplina fácilmente asimilables para
algunas disposiciondes de ánimo.

La enormidad del crimen pudo llevar después á la demencia
al desgraciado Galeote y Cotilla.

Loco le declararon varios de los médicos que intervinieron
en el proceso, y loco le declaró después la Real Academia de
Medicina.

Hoy purga en un manicomio las consecuencias de su criminal acción.

Ciertamente que suponerle loco es preferible para todos. De

(1) Ortega Munilla.—*Imparcial* de 19 de Abril
(2) *El Noticiero.*
(3) *El Correo.*
(4) Lamana, Presbítero.
(5) *La Unión.*

otra manera no hubiera tenido fácil explicación un crimen tan incomprensible.

No diremos, parodiando, que víctima y asesino son *igualmente* dignos de compasión.

El asesino, contra todas las leyes divinas y humanas, creyéndose perjudicado en sus intereses, ofendido, agraviado, afrentado, se hizo justicia por su mano. Fué y es digno de compasión.

La víctima sufrió persecución por la justicia. De ella habrá sido el reino de los cielos.

PLASENCIA (D. CASTO).

No queremos incluir en esta modesta colección de biografías á los hombres que no hayan abandonado el mundo de los vivos. De otra manera, nuestras apreciaciones quizás parecieran injustas ó interesadas; nuestras alabanzas, serviles adulaciones; la inclusión de unos y la omisión involuntaria de otros, preferencias y relegaciones; y por más que nuestra pobre opinión no disminuya ni aumente prestigios, y nuestra desautorizada pluma no destruya ni forme reputaciones, preferimos obrar de esta suerte para evitar torcidas interpretaciones.

Vamos, sin embargo, á hacer una excepción en favor de un artista que es justamente considerado como una gloria nacional, y cuya fama ha salvado las fronteras de España extendiéndose rápidamente por todas partes: nos referimos á D. Casto Plasencia, al hombre que sintiendo bullir en su cerebro la sublime inspiración, arrastrado por su amor al arte pictórico, emprendió con paso firme la espinosa senda que le señalaba su vocación, y venciendo con su talento y con su voluntad de hierro los numerosos obstáculos que al paso encontrara, ha llegado victorioso hasta el pináculo de la gloria.

Otra consideración nos ha impulsado á hacer la biografía de Plasencia. Todas las publicaciones periódicas le han dedicado y le dedican extensos artículos firmados por reputados escritores, describiendo sus admirables lienzos y reproduciéndolos por medio del grabado, dando detalladas noticias de su vida y de sus obras: únicamente en la provincia de Guadalajara es donde, caso extraño, nadie se ha acordado de él. Y el hombre que se ve celebrado y aplaudido dentro y fuera de España por los más elevados personajes, siente hondo pesar por la indiferencia de sus paisanos y se lamenta de su inexplicable proceder.

Esto, que demuestra el cariño que á su país natal profesa, sería suficiente causa para modificar nuestros propósitos dando cabida en esta colección de biografías á la del notable artista alcarreño, si su gloriosa reputación no nos obligara á hacerlo.

Nació D. Casto Plasencia el día 1.º de Julio de 1848, en Cañizar, donde su padre D. Isidro ejercía su profesión de médico, siendo estimado de todos sus convecinos y de los habitantes de los pueblos inmediatos por la inteligencia que demostraba en el cumplimiento de su deber, por la afabilidad de su trato y por su bondadoso corazón.

Tuvo Plasencia la inmensa desdicha de perder muy pronto (1855) á su cariñosa madre D.ª Angela, no tardando la muerte en arrebatarle también al autor de sus días, quedando completamente huérfano y sin más herencia ni más recursos que una obra de medicina, sin terminar, que su padre le legaba con un nombre honrado.

Felizmente, halló generosa protección en el brigadier señor Sandoval y Arcaina, condiscípulo y amigo de su padre, que le trajo á su lado en 1860 y le dió una educación esmerada.

Mostró Plasencia desde luego grande afición por las bellas artes, y especialmente por la pintura, cuya profesión eligió con la fé y el entusiasmo que da una vocación verdadera, por lo cual, y una vez dominadas con rapidez las primeras dificultades del estudio de preparación, el brigadier Sandoval le matriculó en la Escuela especial de pintura, escultura y grabado (Academia de Bellas artes de San Fernando), donde sus facultades fueron desarrollándose según se le iban presentando más amplios horizontes, y al terminar el 2.º curso le concedió el Ministerio de Fomento una pensión de 4.000 reales como premio á su aprovechamiento.

Pero aún la desgracia no se había cansado de perseguirle: en el año de 1868 murió su cariñoso protector, y otra vez quedó Plasencia abandonado á sus propias fuerzas, pues por entonces se le retiró también la pensión que disfrutaba. Mas ya despedía luz propia—dice un escritor—ya tenía alguna personalidad, y merced á ella no quedó abandonado. El marqués de la Vega de Armijo (el mismo que siendo ministro de Fomento había premiado sus méritos) y el conde de San Bernardo, prestaron su apoyo al novel artista, quien viajó con ellos por muchas

provincias de España y por el extranjero, estudiando los mu-
seos, visitando los más notables monumentos, contemplando los
encantos de la naturaleza.

En 1874 tomó parte en las oposiciones á la pensión de la
academia española fundada en Roma el año anterior por Don
Emilio Castelar, y consiguió por unanimidad una de las dos
plazas que se concedían á la pintura de historia, presentando
para obtenerlo un hermoso cuadro que representaba *El robo de
las Sabinas*, tema propuesto.

El reglamento de pensionados en Roma dispone que el primer envío de estos sea una copia, y Plasencia remitió la del
Isaías pintado por Miguel Angel en la capilla Sixtina. Por ella,
así como por los siguientes envíos, obtuvo la calificación máxi-
ma reglamentaria. La segunda remisión (ya cuadro original),
fué la delicada composición *Venus y amor*; el tercero (cuadro
histórico) *El origen de la república romana*. Este lienzo, de grandes dimensiones, hecho á costa de muchos sacrificios impuestos
por la escasez de recursos, inspiró al académico romano A. Mat-
tey una magnífica poesia, y otros vates también inspiraron sus
composiciones en el interesante asunto de la historia de Roma
(la muerte de Lucrecia) elegido por Plasencia, y la prensa nacional y extranjera tributó alabanzas merecidas á la obra del
artista español.

Detalle curioso: mientras en un banquete diplomático se
brindaba por los que tanto enaltecian el nombre de España, los
pensionados comían en una mala *trattoria* y allí recibían al encargado de saludarles en nombre de la legación española.

El *Origen de la república romana* fué premiado en la exposición nacional de 1878 con la primera medalla de oro y en la
universal de Paris del mismo año con tercera medalla de bronce, concediendo además á su autor el gobierno francés la cruz
de la Legión de Honor. Se halla en el museo del Prado.

Plasencia pintó, durante su permanencia en Roma, además
de los trabajos como pensionado, varios lienzos notables, entre
ellos el retrato del Patriarca de las Indias, Cardenal Benavides,
El *Descanso de un pintor*, para el Sr. Conde de San Bernardo, y
otros muchos cuadros de venta.

Vuelto á España, fué llamado para hacer el retrato del rey
D. Alfonso XII, que ejecutó á maravilla, y pintó diversos lienzos para particulares. Sin renegar, como otros, de su patria, en
ella puso su estudio y en ella ha encontrado un mercado abun-
dante para sus obras.

De entre estas recordamos las tituladas *La Bacante*, estudio de figura; *Una cabeza de estudio*; *Un templo en Tivoli*; la acuarela *El Trovador*, para el álbum que la Academia de Jurisprudencia regaló á la emperatriz de Alemania; la de *El viejo verde*, para el banquero D. Adolfo Calzado; *El derribador de reses*, que figura en el museo de Lisboa y que valió á Plasencia la cruz de la órden de Santiago de Portugal; la numerosa colección de escenas asturianas, á la que pertenecen *La fuente del Castañeu*, *Echando el filo*, *Adan y Eva*, *Dios mio ¿arribarán?*, *El lavadero*, *La vuelta del trabajo*, *En la fuente de Roque* y *Una plazuela de San Esteban de Pravia*; ha hecho muchos retratos y hace poco tiempo se ocupaba en el hermoso lienzo que representa á *Dafnis y Cloe*.

Pero con ser tantos y tan admirables los cuadros de Plasencia, con haber dado tan pujantes muestras de su génio artístico en el lienzo, conquistándose un preferente lugar entre los maestros más notables, aún le faltaba completar su fama en otro género de trabajos que en España han tenido poquísimos cultivadores, en la pintura decorativa ó mural, que inmortalizó á muchos artistas italianos y que aquí donde florecieron los pintores de más brillante paleta, puede decirse que no ha existido realmente, pues las pocas obras de esta clase que se conocen son debidas al pincel de artistas extranjeros, pues si hay algunas excepciones, como los frescos de Goya en San Antonio de la Florida, estas excepciones confirman más nuestro aserto.

D. Casto Plasencia ha demostrado su talento en este dificil género con las obras ejecutadas en el palacio del marqués de Linares y en la iglesia de San Francisco el Grande.

«El palacio de Linares—dice D. José de Siles—es un temible rival de San Francisco el Grande. En los techos de las habitaciones de aquél palacio ha ido depositando Plasencia su inspiración al mismo tiempo que en las cúpulas, capillas y coro del referido templo.»

«En el techo de la alcoba del entresuelo está pintada *La Noche*. No hay ninguna lira contemporánea que eleve un canto más poético á las sombras tranquilas del sueño. *La Noche* es un poema de delicadísimos colores, en que cada raya del pincel tiene la sonoridad y vaga idealidad de un verso de Musset.»

Forman el brillante decorado del techo del salón de recepción, *Anacreóntica*, *Venus aérea*, *El Blasón* y *La Gloria*, que se distribuyen lateralmente, dejando espacio en el centro para el cuadro *Psiquis conducida al Olimpo por Mercurio*; el techo del tocador del Marqués es un cuadro magistral que representa *El Tocador de Venus*, y en el cuarto segundo hay pintados un *celaje* con palomas, de primoroso efecto, y *scherzzi d'amori*, en que varios niños juguetean entre nubes hermosísimas.

Nombrado subdirector de las obras de San Francisco el Grande, ejecutó con sujeción á los dibujos del maestro D. Cárlos Luis de Ribera, la pintura del coro, cuyo asunto es el entierro de San Francisco, é hizo tres de los ocho cascos ó zonas de la cúpula grande, que representan *La Asunción de la Virgen, San Gabriel* y *San Miguel*.

Pero donde verdaderamente «ha volado por los cielos» (1), «donde el arte contemporáneo ha dado muestra irrecusable de gigante vitalidad» (2), es en la bóveda de la capilla de la orden de Carlos III, obra encomendada única y exclusivamente á nuestro artista.

En el frente de la capilla, Carlos III aparece arrodillado al pié de un altar é invoca á la Virgen María, la cual desciende del empíreo entre nubes de gloria, acompañada de ángeles que ostentan las insignias de la orden; más arriba están los coros celestes que entonan un himno.

«La celebración de este suceso (la fundación de la órden) en el cielo, desarrollado en el incomparable fresco del techo, es una de las páginas más hermosas que tiene la pintura del dia. Plasencia ha realizado en él un prodigio.»

«Puede afirmarse que este fresco reune, depura, completa, lleva á la perfección las tradiciones parciales que había, hasta ahora, sobre esta clase de obras. Verdad es que Goya nos fascina con sus pinturas de San Antonio de la Florida. El color se ha vertido en aquellas bóvedas á torrentes. Pero las figuras son profanas; las actitudes, destituidas de unción religiosa; el dibujo incorrecto. No es menos cierto que, en sus frescos venecianos, el gran colorista Tintoretto, desató tempestades de matices; mas nunca brilló en ellos la luz, ideal que persiguió toda su vida. Tiépolo, fué lo contrario: luminoso, aunque sin color. Estos tres maestros trasladaron á los frescos los méritos ó defectos de sus cuadros, sin distinguir el techo del lienzo. En el techo del Sr. Plasencia se observan cumplidas con un acierto, y al par una delicadeza singulares, las exigencias del género.....»

«La blancura de las carnes, de los rostros, de las vestimentas angélicas, destacándose sobre un fondo luminoso, es una maravilla del arte pictórico.....»

«Contemplando esta obra, diríase que la capilla no tiene techo, sino que, realmente, la vida del cielo se vé, por allí, en el espacio.» (3)

«Composición encantadora, poética, verdaderamente inspirada..... Cinco años ha durado el trabajo de Plasencia en San Francisco, y se cree, al contemplar esa obra, que ni por un momento se ha ofuscado en tan largo período de tiempo la inspiración del artista: no hay en toda

---

(1) D. José Fernández Bremón.
(2) D. José de Siles.
(3) D. José de Siles.

ella un rasgo que manifieste vacilación y desmayo, ni una mancha que revele frialdad y apresuramiento.» (1)

«Es un prodigio de pensamiento, de dibujo y de color...... Aquella orquesta de ángeles está sonando siempre con el eterno acorde del color.» (2)

Estas palabras de tres reputados escritores, dicen más y mejor que nosotros pudiéramos decir de tan hermosa obra, que ha sido descrita por el Sr. D. R. Balsa, en el número 1.367 de *La Voz de Galicia*, de la siguiente manera:

«Representa un concierto celeste, en el cual, los músicos y los cantores son ángeles y arcángeles. En lo alto, allá, rodeado de nubes de un tono suave á la par que luminoso, aparece un arcángel, sosteniendo por encima de su cabeza una cartela en la que se lee esta inscripción: *Tota pulchra est Mariæ*; más abajo, y frente al que sostiene la anterior loa, motivo del imaginario concierto, siéntase al órgano otro arcángel de alba vestidura y níveas alas, que con la mirada en lo alto, parece arrancar del instrumento melodiosas notas, notas que un grupo de hermosísimos ángeles, destacándose ya por oscuro, ya inundados de luz y dispuestos en escorzos atrevidísimos, elevan al trono de la Inmaculada. A la derecha del arcángel que toca el órgano, destácase, con correctísimo dibujo, otro arcángel que con la partitura en la mano, parece cantar con voz llena de místico arrobamiento; misticismo que inunda toda la figura y la de otro arcángel también medio envuelto en azuladas nubes, y el cual lanza al cielo su inspirado canto. Más lejos, celeste músico pulsa las cuerdas de un arpa, ofreciendo esta figura un escorzo de gran estudio, y un contraste de luz y de color que fascina; con el brazo derecho en alto, formando con él un arco elegantísimo, acaricia las cuerdas del eólico instrumento, dejando paso á la mirada, fija en la partitura, que un cantor de rubia melena y torneados brazos le muestra. Nada más inspirado que este grupo, rodeado por las blondas cabecitas de una porción de ángeles, sin igual en la hermosa traza de sus cuerpos robustos y contorneados por la segura linea que presta la inspiración. El plegado de los paños, elegante en todas las figuras de esta pintura decorativa, reviste en este grupo, y principalmente en la que sostiene la página donde se leen las notas de la celeste sinfonia, un caracter de grandiosidad, á la par que de sencillez, superior á todo encomio. Al lado de este grupo vénse los cantores, ya elevando sus ojos hacia lo alto, ya con dulce movimiento de lábios, lanzando al espacio notas que modula la ebúrnea garganta; coros de ángeles cuyas graciosas posiciones y sonrientes cabezas admiran por la sencilla dificultad de su agrupación, envuelven juntamente con vaporosa nube esta parte de la composición. En el grupo de músicos más cercano al central, donde destaca el organista, atraen la mirada del espectador artista dos tocadores de violin, medio velados por plateada atmósfera; figuras llenas de inspirado sentimentalismo, y que son modelos de dibujo.»

En el suplemento al núm. XLIV (Noviembre 1886), de la *Ilustración Española y Americana*, se reprodujó por el grabado

(1) D. Eusebio Martínez de Velasco.
(2) D. José Ortega Munilla.

una parte del Himno de ángeles á la Virgen María, tan elegan-
temente descrito por el Sr. Balsa.

Plasencia tiene su estudio en el pasaje de la Alhambra, en
Madrid; un estudio grandioso, mezcla de museo y de templo,
que compite ventajosamente en holgura y suntuosidad con los
de los pintores más afamados y ricos de Europa, y que, según
un escritor, da motivo para escribir un libro.

Durante el verano, el artista abandona su casa de Madrid y
se marcha á Asturias; traslada su estudio al pueblo de Muros
de Pravia, y allí pinta sus encantadores cuadros de escenas asturianas.

«Plasencia—dice el Sr. Millán—dibuja mucho, agrupa bien,
siente la composición, y el tono de sus cuadros es brillante, de
una finura sin límites y de gran trasparencia. No busca los efectos en la luz; trata de hallarlos en la paleta: ha logrado embe-
llecer el natural sin llegar á lo falso.»

«Para examinar su personalidad artística—añade otro de sus
biógrafos—sería necesario saber por donde se va á la cima de
la inteligencia, descubrir los invisibles caminos que conducen
al horizonte de donde toma la luz una paleta incomparable. Su
potencia creadora sólo es igual á su ejecución formidable (1).
De la misma manera, ó mejor dicho, con idéntica intensidad,
siente el Olimpo pagano que la Gloria cristiana, la naturaleza
sensualista, henchida de voluptuosidades de las Arcadias mito-
lógicas, que el melancólico campo de nuestras provincias del
Norte, impregnado de perfumes castos, poblado de muchachas
en cuyas mejillas el carmín es obra del pudor y no del vino de
las bacantes.» .

No usa aceites, ni preparados de ninguna clase; pinta con el
color tal como sale del tubo y ni aún sabe como se llaman los
tonos con que ejecuta sus magníficos lienzos.

---

(1) Con el título de «La Caperuzona,» publicó D. José Zahonero, en *Los Lunes de
El Imparcial*, del 18 de Junio del presente año (1888), un precioso artículo que demuestra el talento y la facilidad de Plasencia.

Una joven montañesa, y á la cual había conocido Plasencia en una de sus excursio-
nes artísticas, entra en el estudio del maestro solicitando su protección y pidiéndole
recomendaciones para ganar honradamente el sustento en Madrid. El artista fija sus
escrutadoras miradas en aquella rústica beldad; la propone que se quite el jubón, que
se desnude, para servirle de modelo, con lo que consigue sublevar el pudor de la mu-
chacha; coje los pinceles, sin dejar de dirigir frases que mantienen aflictiva y adusta
la faz de su modelo.... «Y en el lienzo fué pintando un cuadro, formó el abovedado de
verdes hojas bañadas por encima de brillante luz y por bajo produciendo una fresca
sombra, y de aquélla varita mágica de su pincel, surgieron un suelo de menuda hier-
becilla y de flores selváticas, y acurrucada por el miedo, llorosa y amenazadora al
propio tiempo, una aldeana de rostro turbado por el pudoroso fervor de una castidad
salvaje y pura de toda ficción ó disimulo ....»

«¡El artista realizaba una obra admirable; veía al desnudo un alma sin malicia!»

Plasencia es de estatura regular y de cuerpo recio; su cara es enérgica y angulosa, con ojos penetrantes y de mirada inteligente; su barba poblada y partida, y su pelo, sin raya, se aplasta sobre los anchos lóbulos de la frente. Tiene un carácter vehemente y franco; es sobrio de palabras y aún algo áspero con los indiferentes, pero llano y cariñoso con sus amigos, hasta tal punto—dice D. José J. Herrero—que hace dudar de si su corazón valdrá aún más que su cabeza.

SEPÚLVEDA Y LUCIO (D. FERNANDO).

Ciertamente que Brihuega es cuna de hijos ilustres y prueba de ello es la presente colección donde figuran en no escaso número. Esle debida mención especial al con que encabezamos estas líneas, no solamente por sus singularísimos merecimientos profesionales, si que tambien por sus aficiones histórico-arqueológicas encaminadas siempre al mismo objetivo, Brihuega, su patria, de quien nos ha desenterrado del olvido en que yacían algunos de sus hijos ilustres. Justo es que esta relación de don Fernando la aumentemos con su propio nombre, tributo debido á quien, cual obrero incansable de la inteligencia, trabajó sin desmayo para enaltecer á su país natal y á mayor honra y gloria de España toda.

Hijo de D. José y de D.ª Baltasara, nació en Brihuega, en 1825, y después de estudiar las Humanidades con D. Domingo Lopez, profesor de latinidad en Brihuega, cursó la filosofía en Guadalajara, matriculándose después en la facultad de farmacia de la Universidad Central, distinguiéndose constantemente por su mucha aplicación y gran aprovechamiento, terminando la carrera el año de 1849. Desde esta fecha, hasta 1851, estuvo practicando su profesión en Guadalajara, como regente de la farmacia de D. Melitón Gil, y fué ayudante de la cátedra de física y química de la Academia de Ingenieros militares de esta ciudad, á cargo en aquella época del docto profesor D. Ildefonso Sierra, quien comprendiendo los grandes conocimientos que aportara con su título, le confió el encargo de la instalación y arreglo de los gabinetes de dichas asignaturas.

Impulsado por sus deseos y aspiraciones de ejercer su profesión, se estableció en Humanes, mereciendo la estimación de todo el vecindario, y ensanchando el despacho de su oficina de farmacia en aquella comarça. Por espacio de algunos años tomó parte en las discusiones científicas sostenidas por *El Restaurador Farmacéutico*, periódico profesional, y más tarde se dedicó al estudio práctico de la botánica, y ayudado de su hermano D. José, empezó á formar catálogos y herbarios, base de estudios más profundos y extensos en toda la provincia.

Llegado el anuncio de la Exposición Agrícola de Madrid para 1857, preparó y presentó una colección numerosa de productos farmacéuticos, extractos y plantas medicinales, mereciendo ser premiado en dicho certamen. Por este tiempo, la Asociación general de ganaderos del reino tuvo conocimiento que el Sr. Sepúlveda había descubierto un medicamento para combatir la asoladora enfermedad del sanguiñuelo ó mal del bazo del ganado lanar, y siempre defensora de los intereses de sus asociados, sometió por mucho tiempo á pruebas y experimentos el medicamento, siempre con feliz éxito, y premió el descubrimiento, concediendo al autor Sepúlveda 10.000 reales de gratificación.

Trasladado á Brihuega en 1858, donde contrajo matrimonio, sin olvidar sus aficiones predilectas por las ciencias naturales, se dedicó á estudios arqueológicos y numismáticos, y nombrado cronista de Brihuega, por su Ayuntamiento, registró, clasificó extractó todos los documentos y escritos de los archivos municipales; y compenetrándose de cuanto contienen, escribió extensos trabajos sobre todo lo que puede interesar á la historia de esta villa. Creciente su afición á esta clase de estudios, pudo reunir un notable museo numismático y de objetos antiguos; pero las relaciones que hizo con muchas personas que á esta clase de trabajos dedican sus aptitudes en España, y su pródiga liberalidad, contribuyeron á que nunca pudiera conseguirlo.

A su iniciativa, y á no pequeños sacrificios pecuniarios, se debe el descubrimiento de una población celtibérica cerca del pueblo de Valderrebollo, de cuyas escavaciones, dirigidas por él, y á su costa, consiguió obtener numerosos objetos que denunciaban su antigüedad, los cuales fueron repartidos entre sus amigos y llevados en grandes cantidades al Museo Arqueológico de Madrid.

Elegido Alcalde, más que por sus deseos por la alta consideración que á sus paisanos merecían sus grandes prendas personales, su dulce y cariñoso trato y la constante defensa de los intereses de su país natal, desempeñó el cargo por muchos años á satisfacción de todos, dejando gratos recuerdos de sus mejoras administrativas.

En unión de su hermano D. José, prosiguió con afan el estudio de la vegetación de la provincia, y sin perdonar medio, sacrificio, ni gasto alguno, completamente solos, sin auxilio de nadie, en un pais nada estudiado ó poco conocido por los botánicos, le recorrieron en todas sus zonas y comarcas, aumentando las colecciones de su herbario, y dando forma á sus trabajos; después de algunos años, presentaron en la Exposición provincial de Guadalajara el primer bosquejo de la *Flora de esta provincia*, que mereció medalla de plata, como la mayor recompensa concedida en dicho certámen á los trabajos científicos. En la misma exposición, por una colección de tintas químicas, otra de fósiles y otra de objetos históricos, obtuvieron tres medallas de bronce.

Prosiguiendo sus trabajos los hermanos Sepúlveda para dar cumplimiento á sus propósitos, aumentaron sus descubrimientos botánicos y consiguieron darle término en ocasión de inaugurarse la Exposición Farmacéutica de 1882, en la que presentaron la *Flora de la Provincia de Guadalajara*, con más especies que la de Madrid, siendo esta la única que, subvencionada por el Gobierno, se ha publicado en España. Por el mérito de aquella obra, en la que se describe esta provincia detalladamente en su posición y límites, en su orografía con cerca de 200 altitudes, en su hidrografía, en su descripción geológica y en su climatología, que llamó la atención de S. M. Alfonso XII al inaugurar el certámen, y por la numerosa colección de plantas vivas (750 especies) que presentaron, merecieron la Gran Medalla de Honor, la Medalla de Oro de la Sociedad Económica Matritense, un premio en metálico de la Dirección de Beneficencia y Sanidad y otro premio, también en metálico, del legado de D. Francisco Almazán.

En 10 de Julio de 1883, antes de recoger estos premios fruto de los trabajos y desvelos de muchos años, murió en Brihuega de un accidente congestivo D. Fernando Sepúlveda, á quien por su talento y laboriosidad consagrada por completo á la ciencia, hay que colocar entre los hombres que más honraron á su patria. (1)

_____

(1) Después de escritas estas líneas ha muerto en Madrid, donde ejercía su profesión de farmacéutico, D. José Sepúlveda y Lúcio, digno hermano de D. Fernando, á quien estuvo asociado en la mayor parte de sus notables trabajos.

Nació D. José en Brihuega el día 15 de Marzo de 1837; estudió el bachillerato, con las primeras calificaciones, en el Instituto provincial de Guadalajara, y cursó después la carrera de farmacia, obteniendo la nota de sobresaliente en los ejercicios del

Para terminar esta pequeña reseña biográfica, vamos á consignar un pensamiento que desde luego será simpático á nuestros lectores.

Dado por supuesto que las localidades respectivas deben honrar la memoria de sus hijos ilustres, entendemos que la villa de Brihuega lo sabrá hacer así con respecto á D. Fernando Sepúlveda. No otra cosa hacen los pueblos cultos. Numerosos ejemplos podían citarse. ¿No es de pechos nobles tributar homenaje á la virtud en sus diferentes manifestaciones, sobre todo cuando traspasan los límites de lo vulgar y corriente?

Publique Brihuega por su cuenta los trabajos históricos, arqueológicos y numismáticos del Sr. Sepúlveda, y será una manera delicada y digna de honrar su memoria, ya que no pueda hacer otra cosa. De este modo, sobre poner en práctica la principal idea de nuestra proposición, sacará á la luz pública las glorias de villa tan histórica como antigua, y cosas dignas de ser leidas para enseñanza de los lectores, ya que la historia, según una definición muy cierta es, entre otras cosas, "vida de la memoria, testigo de los tiempos, maestra de la vida, remuneradora de la antigüedad,,.

---

grado y en la reválida de licenciado. Estableciose en Humanes, donde permaneció 21 años, hasta el fallecimiento de su hermano, cuyo puesto ocupó por espacio de tres años. En 1886 tomó posesión de la antigua Botica de Madrid para la que fué designado por votación unánime del patronato en el concurso público que anunció para la provisión.

En Humanes y Brihuega fundó y dirigió estaciones meteorológicas agregadas al Observatorio astronómico de Madrid; proporcionó muchos datos estadísticos y cosmológicos para la confección del *Boletín Demográfico y Estadístico* publicado por la Dirección de Beneficencia y Sanidad; contribuyó eficazmente á la formación del *Diccionario de Farmacia* que compuso el Colegio de Farmacéuticos de Madrid, siendo premiado con diploma de honor y título de socio de mérito por su valiosa colaboracion: igual distinción le concedió la Sociedad Económica Matritense por varios trabajos referentes á cultivos agrícolas. El extinguido Ateneo Científico, Literario y Artístico de Guadalajara recompensó con diploma de honor su memoria acerca del "Clima, terreno y producción de la cuenca del Henares., Pertenecía á varias sociedades científicas y escribió innumerables artículos en los periódicos profesionales.

9

SEGUNDA PARTE.

DATOS BIOGRÁFICOS.

SIGLOS X, XI Y XII.

MUSULMANES CÉLEBRES DE GUADALAJARA.

MOHAMAD-BEN-JOSEF-ALVARAC.—Escribió una obra de *Geografía é Historia de Africa*, la cual dedicó al califa Alakem Al-momtansir-Billá, juntamente con unas Crónicas ó Anales, relativos á los sucesos de Orán, Ceuta y otras poblaciones importantes del Africa, en varios tomos. Ben-Alphardi, en su Biblioteca arábigo-hispánica, dice que falleció sobre el año 363 de la Egira, ó sea hácia el año 972. Citáronle también Garibay y el cordobés Ben-Said, así como en la Biblioteca arábigo-hispánica de Casiri, en la cual constan la mayor parte de estas noticias. (1)

ABDELACID-BEN-OMAR.—Le llamaban también *Ben-García* (hijo de García), lo cual indica que su padre, cristiano de origen, como lo demuestra el apellido, tomó entre los musulmanes el de Omar. Fué exclarecido por su piedad y doctrina. Murió el año 991.

YAHIA-BEN-MOHAMAD-BEN-VAHAB-ALTAMIMI, llamado comunmente *Abú-Zacharía.*—Fué notable escritor de Geografía; publicó una *Descripción de la Meca* y un libro de *Pesos y medidas.* Falleció á principios del siglo xi, hácia el año 994 de la Egira.

ABDALLÁ-BEN-OMAR, BEN-VALID (ó el hijo de *Walid*), llamado comunmente *Ebu-Alaslami.*—Fué gramático y jurisconsulto, que escribió una obra de *Instituciones jurídicas*, en tres partes, y otra

(1) D. José María Escudero, en la "Crónica de la provincia de Guadalajara„ cita también á este historiador, llamándole *Mohamed-ben-Yusuf*, y dice que fué "amigo íntimo de Alhaken II, para el que escribió la *Historia de España y Africa*, la *Vida de los emires y héroes musulmanes* y varias historias particulares de ciudades. También hemos visto escrito el nombre de éste musulmán de la manera siguiente: Muhamed-ben Jasuf.

de *Gramática*, que fué muy apreciada. También se le atribuye otra, de las *bebidas* (de potionibus). Falleció en Córdoba, el año 451 de la Egira.

ABDALLÁ-BEN-ABRAHIM-BEN-TADMIR-ALHAGIARI.—Se distinguió como literato, guerrero, viajero y profesor. Desde Guadalajara pasó á Granada, donde enseñó Retórica y Poética. Después estuvo en Alcalá la Real, y allí escribió una obra de Retórica titulada el *Palmar* (Palmetum) y una *Historia de los Reyes Obaiditas y sus hazañas*, titulada *Longé*, que fué muy apreciada. Marchó á Roda, y convertido en militar, quedó prisionero en una derreta que los musulmanes sufrieron en Beskeris, al parecer Vizcaya, y más probablemente Alava ó Navarra. Se ignora cuando murió.

El padre de Abdallá fué también literato y se dice que entre sus obras figuraba una *Historia de Guadalajara.*

ABDALLÁ-BEN-MOHAMAD, comunmente llamado *Dilnun-Abu-Abdalla.*—Era natural de Cangera ó Cangiar, á las inmediaciones de Guadalajara, y alcanzó mucha celebridad como geógrafo, viajero y bibliófilo. En busca de libros y raros códices, recorrió no solamente nuestra península, sino también toda la parte de Africa y Abisinia en donde brillaban entonces las luces del saber, llegando á formar una biblioteca tan rica y escogida, que se evaluaba en 30.000 dinares de oro. Murió en Ceuta el año 1194, cuando ya Guadalajara había sido conquistada é incorporada á la corona de Castilla.

AHMED-BEN-SCHALAF.—Célebre poeta, que lució su ingenio en las fiestas celebradas para la proclamación de Hixem.

AHMED-BEN-MUZA.—Fué también poeta como el anterior y tomó parte igualmente en las citadas fiestas. Ambos son citados por Escudero. (1)

_____

(1) Menciónanse por otro autor como hijos ilustres de Guadalajara: *Casim-Ben-Hilen-el-Caisi,* sabio cadí, que murió en el año 850.

Ahmed-Muhamed y *Muza-ben-Jauquin,* célebres viajeros, que describieron el suyo por Oriente, Egipto y Meca.

SIGLO XV.

ARCIPRESTE DE ALMOGUERA (EL).—Fué de la Rota romana, gran letrado y canonista. Fundó una ermita bajo la advocación de San Miguel, y obras pías en Auñón, de donde era natural.

LÓPEZ DE MEDINA (D. JUAN).—Es creencia general que nació en la ciudad de Sigüenza, por más que el Sr. Ruíz de Vergara le supone natural de Medina del Campo (1), y se calcula que nació á principios del siglo xv, atendiendo á que en 1432 era Arcediano de Almazán, Canónigo y Provisor y Oficial eclesiástico de Sigüenza. Dícese que fué hijo natural del conde de Tendilla, habido en una señora de linaje y soltera; pero en una Bula expedida en 1440 por el Papa Eugenio, se expresa que su padre era clérigo ordenado de menores.

Destinado á la Iglesia, obtuvo en ella numerosos é importantes cargos. Además de los indicados, le fueron conferidas canongías en las catedrales de Sevilla, Burgos, Córdoba, Cuenca, León, Jaen, Osma, Calahorra y Santo Domingo de la Calzada, y la dignidad de Tesorero en la de Salamanca. Era también subdiácono de Sixto IV.

El ilustre caracense D. Pedro González de Mendoza, le estimó y favoreció mucho, y el célebre Jiménez de Cisneros tuvo con él estrecha amistad.

Reinando Enrique IV se le envió de embajador á Roma, y en tiempo de los Reyes Católicos fué nombrado embajador cerca del rey Luis XI de Francia.

El principal mérito del Sr. López de Medina, consiste en haber fundado el Colegio universitario de San Antonio de Portaceli, en Sigüenza, cuya fundación fué aprobada por el Cardenal González de Mendoza en 1477 y confirmada por el pontífice Sixto IV en virtud de bula expedida en 1483. Anejos al colegio construyó un hospital y un convento.

_____

(1) „Vida del Ilmo. Sr D. Diego de Anaya Maldonado, Arzobispo de Sevilla, fundador del Colegio viejo de San Bartolomé, y noticia de sus varones excelentes„. No se debe dar mucho crédito á lo que el autor del citado libro dice acerca del señor López de Medina, pues indudablemente le confunde con otro personaje, según demuestra D. J. Julio de la Fuente en el folleto titulado «Reseña histórica del Colegio-Universidad de San Antonio de Portaceli en Sigüenza», al cual remitimos á aquéllos de nuestros lectores que deseen más noticias de este hijo de la provincia.

Murió el día 5 de Febrero de 1488; su retrato se conserva en el salón de actos del Instituto de segunda enseñanza de Guadalajara.

CONTRERAS (LUIS).—Nació en Guadalajara, según atestigua Torres. Fué capitán de la milicia que, de esta población, concurrió á la toma de Orán donde «pereció desastrosamente por un exceso de heroismo» el día 17 de Mayo de 1509. Así lo dicen el P. Mariana, el mencionado Torres y D. Eusebio Martínez de Velasco.

MERCHANTE (JUAN).—Canónigo en Lugo y después secretario electo de un pontífice en el mismo siglo. Nació en Auñón.

SIGLO XVI.

AGUILERA (ANTONIO).—Notable médico del conde de Cifuentes, que estudió en Alcalá y ejerció su profesión en Guadalajara. Fué distinguido escritor, de quien sabemos publicó las obras siguientes:

Exposición sobre las preparaciones de Mesué.—Alcalá, 1569.
Rudimentorum Medicinæ.—Id., 1571.
De vária curandi racione.
Nació en Yunquera.

ALCÁZAR (ANDRÉS) (1).—Médico, natural de Guadalajara. Dió muchas pruebas de su talento y escribió seis libros de cirujía y algunas otras obras por los años de 1575 á 1582.

BERNALDO DE QUIRÓS (D. MARTIN.)—En tiempos del emperador Carlos V, sobresalió como Capitán en las guerras de Italia. Nació en Pastrana.

BOVADILLA (JUAN DE.)—Fraile franciscano. Fué guardián de San Juan de los Reyes de Toledo, en 1575; distinguióse como profesor de Teología y como predicador, y aún como diplomático, pues desempeñó una embajada del Rey en París. Era natural de Auñón.

---

(1) Algunos le llaman Andrés Valcácer.

CAMPO (JUAN DE).—Pintor distinguido, aunque menos que Antonio del Rincón.

Nació en Hita en 1530 y murió en América.

CANO (IIMO. SR. D. FR. MELCHOR.)—Vió la luz primera en Pastrana; sobresalió en el Concilio de Trento como eminente teólogo y fué obispo de Canarias, como nuestro otro paisano don Judas Romo.

En el *Discurso preliminar* de la *Vida de San Gerónimo*, edición de 1853, se llama á Cano «eruditísimo escritor» y á su obra *De locis theológicis* «inmortal.» Con iguales demostraciones de aprecio hemos visto escrito su nombre en otras obras que consultábamos con otro objeto que el de buscar apuntes biográficos suyos. Estos se hallan muy por extenso en una biografía que le dedicó, y que no hemos tenido la fortuna de ver, D. Fermín Caballero, ilustre hijo de Barajas de Melo, en la provincia de Cuenca.

Tradujo del toscano el *Tratado de la victoria de sí mismo*, impreso en Toledo en 1551, traducciones que se repetían con frecuencia en aquella época mediante la comunicación de ideas que había entre Italia y España.

Pérez Pastor, en su libro *La Imprenta en Toledo*, dice «que en una edición reciente de aquél libro, se hace constar que éste Melchor Cano era sobrino del célebre teólogo del mismo nombre.»

Consignando, apoyados en Pérez Cuenca, que el sobrino nació en Illana el año de 1545, y recordando que la obra en cuestión se imprimió en 1551, queda demostrado que no pudo traducirla el sobrino, que á lo sumo contaría cuando se hizo la traducción 6 años de edad.

En Alcalá se imprimieron algunas de sus obras, todas en latín.

Concluiremos diciendo que Tarancón también se disputa la gloria de tener por hijo á este célebre fraile de la no menos célebre orden de predicadores.

CÁRDENAS (D. JUAN.)—Observó las costumbres sociales de los indios de Occidente y sus prácticas curativas que supo aplicar como buen médico, escribiendo al propio tiempo un libro cuyo título no recordamos, como fruto de sus observaciones.

Nació en Mondejar.

CASCALES (FR. PEDRO.)—Distinguióse este ilustre franciscano, nacido en Hita, como eminente orador sagrado.

En la numerosa, rica y selecta biblioteca del monasterio de la Salceda, costeada y organizada por Fr. Pedro González de Mendoza, ya biografiado, en el estante de los predicadores y entre más de ochenta cuerpos manuscritos (que lastimosamente habrán servido para envolver especias), figuraban cuatro grandes (4 tomos en folio), del padre Fr. Pedro, «eminente Maestro en Púlpito y en Cathedra; de quien la Magestad del Rey Phelippe segundo se sirvió en lo de Portugal, quando quedó sin sucessor, y se levantaron tantos á pretendello,» dice Fray Pedro González de Mendoza. Con que se demuestra ser cierto lo que asegura otro escritor cuando al mencionarle añade que gozó de la confianza del Monarca que arriba hemos citado.

CASTILLO DE VILLASANTE (DIEGO DEL.)—No menos famoso que otros biografiados es el molinés que sirve de epígrafe á esta pequeña nota biográfica.

Fué alumno de la famosa Universidad de Bolonia, fundada, como todos sabemos, por un compatriota nuestro, donde ingresó muy jóven, en el año de 1515; ilustró su nombre con el primer comentario que se publicó acerca de las leyes de Toro, y se retiró á su pueblo, Molina, desde donde encargaba la impresión de sus libros que versan sobre materias diferentes, entre los que se cuentan:

Tractatus de duello, impreso en Turín.

Glosa áurea sobre las leyes de Toro.

Comentarios sobre las leyes de Partida.

Tratados contra los juegos.

Sátira contra los tahures.

Fué también Castillo matemático insigne.

CERDA (MELCHOR DE LA).—Nació este ilustre hijo de la provincia en Cifuentes, y entró en la compañia de Jesús en 1570 Fué un gran retórico y desempeñó diferentes cátedras.

Píntanle sabio, de talento y con dotes literarias poco comunes, añadiendo que tuvo la gloria de ver impresos sus libros de retórica y elocuencia en Lyon, Colonia, Leipsik y Amberes.

Murió en Sevilla en 1615.

Las obras suyas de que nosotros tenemos conocimiento son:

Apparatus latini sermonis per Topographiam, Chorographiam et. Prosographiam.

*Hispaniæ bibliotheca sen de Academis bibliotecis.-*Franfort, 1608

Usus et exercitatio demostracionis et ejusden. variæ.—Sevilla, 1598.

Consolatio ad Hispanos propter Classem Hispanicam y *Medulla sapientæ Tulianæ*—1585.

COLOMBO (FR. FELIPE).—Fué mercenario, cronista de su orden, y natural de Guadalajara. Se distinguió como fecundo escritor, pues partos de su ingenio en sendos y voluminosos tomos son las vidas de San Pedro Pascual, San Pedro Nolasco, Fr. Pedro de Urraca, de Jadraque, San Ramón Nonnato. y muchas más, así como otros trabajos (1) biográficos y monográficos.

COLLANTES DE AVELLANEDA (DIEGO).—Doctor por la universidad de Sigüenza, en cuya ciudad ejerció la abogacía. Nació en Guadalajara; se distinguió como legista á semejanza de Diego del Castillo, antes citado, estudiando las leyes en su aplicación á la agricultura. Escribió un tratado en latín que se denomina *Comentariorum pragmaticæ et agricolorum*, en 1606.

CORONEL (FR. JUAN).—Nació en Torija. Como el franciscano Pedro Cascales, se distinguió en la oratoria sagrada. Fué misionero en América.

FABIAN Y FUERO (D. FRANCISCO).—De Terzaga era natural este ilustre paisano nuestro, que fué gran prelado en la Puebla de los Angeles y en Valencia, donde introdujo el cultivo del cacahuete, menor servicio que hizo á su diócesis, con ser grande, como dice Catalina García.

En el salón de actos de este Instituto provincial de segunda enseñanza, hay un lienzo de grandes dimensiones en cuyo pié dice: ‹Verdadero retrato del Ilmo. y Excmo. Sr. D. Francisco Fabian y Fuero, natural de Terzaga, en el señorío de Molina, Diócesis de Sigüenza, Colegial y Rector en este Grande de San Antonio, Universidad de la misma y su insigne bienhechor, Colegial en el mayor de Santa Cruz de Valladolid, Canónigo Magistral de Púlpito de esta Santa Iglesia de Sigüenza, y Rector de su insigne Seminario, Canónigo y Abad en la de San Vicente de Toledo. Obispo de la Puebla de los Angeles en la Nueva España, electo Arzobispo de Méjico, padre del cuarto Concilio Mejicano, Arzobispo de Valencia, del Consejo de su Ma-

_____

(1) Entre estos se cuenta ‹Noticia histórica del origen de la milagrosa imágen de Ntra. Sra. de los Remedios, su maravillosa venida á España, culto con que se venera en el convento del Real Orden de Ntra. Sra. de la Merced, redención de cautivos de esta corte, etc. La edición á que hacemos referencia se publicó por un devoto en 1698.

jestad. Caballero prelado, gran Cruz de la Real orden Española de Cárlos III, Fundador del Real Seminario Sacerdotal de la Purísima Concepción y Santo Tomás de Villanueva en la propia ciudad de Valencia, á quien Dios ilumine y conserve muchos años para alivio de su amada Diócesis, consuelo, gloria y honor de esta casa».

FUENTE (FR. MATEO DE LA).—Abad mitrado, fundador de la compañía de S. Basilio; nació en Almiruete, nombre árabe que indica ser fundación musulmana.

GARCIA BARRANCO (D. JUAN).—Es uno de tantos como emigraron al Nuevo Mundo atraido por la fama de las conquistas que allí se hacían y por el rico oro de sus minas. Fué alférez mayor y regidor perpetuo en la Puebla de los Angeles, donde falleció en 1619. Distinguióse por su piedad y celo religioso, de tal manera, que en esta ciudad fundó un monasterio de religiosas gerónimas. No se olvidó de Brihuega, lugar de su nacimiento, puesto que con el nombre de «La Encarnación» fundó un colegio para 20 colegiales, dotándole cuantiosamente. Es una de las pocas fundaciones de la provincia que no ha desaparecido por completo. Hizo además otras dos fundaciones: una capellanía para el Director del colegio y unas prebendas que producían 12.000 pesos anuales para dotar á sus parientes pobres que tomasen estado.

Los brihuegos deben estar muy agradecidos á este su paisano.

GUTIERREZ DE VERACRUZ (FR. ALFONSO).—Fué el primer catedrático de prima de la primera universidad de Méjico. Nació en Caspueñas, y obtuvo andando los tiempos, una cátedra en Salamanca, pero la dejó para hacerse monge agustino, y como el célebre Sahagun, á semejanza de éste, escribió acerca de los indios. Desempeñó grandes puestos en Méjico, si bien nunca quiso ser obispo.

LANDA (D. DIEGO DE).—Como el anterior ejerció su sagrado ministerio en América, siendo obispo del Yucatán, donde, entre otros servicios, dejó imperecedera memoria por sus trabajos antiesclavistas. Sobre las antigüedades de esta parte de las Indias en el siglo XVI, escribió un libro publicado hace poco tiempo por un sabio francés según afirma Catalina García. Nació en Cifuentes.

LASARTE Y MOLINA (IGNACIO DE).—Descolló este caracense en su profesión de abogado y como escritor. Publicó en 1589 un libro sobre *Alcabalas*, el primero que salió á luz de semejante materia y del que se hicieron tres ediciones en pocos años.

Parientes de Lasarte, hijos acaso, fundaron un colegio en Guadalajara dirigido por padres jesuitas, estableciéndole donde hoy es la iglesia de San Nicolás.

LOPEZ DE MENDOZA (D. IÑIGO).—4.° duque del Infantado; nació también en Guadalajara. Gran admirador de las letras, como digno descendiente del célebre marqués de Santillana, dedicóse también á ellas y escribió el *Memorial de cosas notables*, obra erudita, según el sentir de personas que le han examinado con detención, con la particularidad de estar impreso en Guadalajara, el año 1564, por Pedro de Robles y Francisco Cormellas.

LOPEZ DE SALCEDO (IGNACIO).—Natural de Guadalajara; se distinguió como legista á igual que Avellaneda y escribió algunos libros de derecho civil y canónico.

MEDINA Y MENDOZA (FRANCISCO DE).—Genealogista distinguido, autor de varios tratados sobre esta materia, que no llegaron á imprimirse. Ambrosio de Morales alaba á Medina y Mendoza en sus "Antigüedades„ por la obra de éste *Anales de la ciudad de Guadalajara*, su país natal; y D. Tomás Tamayo de Vargas en sus "Notas á Luitprando„ admite con dificultad que escribiera dicha obra, pero Torres y D. José Julio de la Fuente aseguran que son suyos.

Aunque ciego, fué distinguido historiador, y de sus escelentes manuscritos los que particularmente deben citarse son:

Los Anales dichos, quizá hoy perdidos.

Historia del rey D. Enrique el IV.

Genealogía de la casa de Mendoza.

Nobleza y títulos de la casa de Mendoza.

Vida del Cardenal Mendoza, escrita á instancias del 4.° duque del Infantado é inserta por la Real Academia de la Historia en el tomo VI del «Memorial histórico», 1566. (1)

MENDOZA (DIEGO DE).—Si aseguramos que el personaje á quien dedicamos esta media docena de líneas merece el dictado

---

(1) En este *Memorial* se dice que Pedro Salazar de Mendoza, canónigo de Toledo le hurtó bastante para su crónica de 1625.

de héroe, no exageramos. Nuestros lectores opinarán lo mismo si añadimos que acompañó en su primer viaje á America, donde quedó establecido, á Cristóbal Colón. Y en verdad que arrojo se necesitó para secundar los planes de un genio que, por no ser comprendido por algunos, fué tildado de loco. ¿Serían locos los demás que se asociaron á una de las más grandes empresas que registra la historia? ¿Comprendió Mendoza, como lo comprendió el Gran Cardenal, tan grandioso pensamiento y quiso secundarlo con su persona, ó se lanzó á lo desconocido movido de su intrepidez? De cualquier manera resultó un héroe de un hijo de Guadalajara.

ORTIZ Y LUCIO (FR. FRANCISCO) (1).—Humilde y virtuoso franciscano que escribió muchas obras religiosas y morales, mereciendo la honra de ver impresas varias veces algunas de ellas. Se distinguió además como predicador notable á semejanza de Fr. Pedro Cascales, antes citado. Nació en Guadalajara en 1550 y murió en Madrid en 1651. Fué guardián de San Antonio de Mondéjar.

He aquí agunos títulos de sus obras:

Jardín de amores santos y lugares comunes.—1589. Reimpresa en 1594.

Compendio de todas las sumas que comunmente andan.

Recopilación de todos los casos de conciencia.

Compendio de vidas de Santos del Nuevo Testamento.

Jardín de divinas flores del sacerdote cristiano.

Horas devotísimas para cualquier cristiano.

PEREZ (MIGUEL).—Nació en Horche; fué capellán de los Reyes en Granada, y tradujo un libro titulado "Teatro del mundo„ con el nombre de *Teatro y descripción del mundo y del tiempo,* con tales aumentos y mejoras y con tanta aceptación, que en poco tiempo (1606 á 1617) se hicieron tres ediciones. Esto prueba que se trataba de una cosa notable y digna por consiguiente de aprecio. El autor, italiano, se llamaba Gallucio.

Picatoste, que cita esta traducción, nos da también la noticia de que juzgando esta obra Leglet y Fresnoy (Méthode pour étudier l' histoire, tomo X, pág. 148) y su corrector y adicionador M. Drovet, dicen: "Libro pasadero ó mediano en cuanto á los hechos que conciernen á la historia general, y mejor en lo que

---

(1) No debe confundírsele con otro fraile franciscano, de época anterior, llamado también Francisco, que escribió un libro titulado *De Ornatu animæ.*

interesa á España,,. Juicio que prueba la ligereza y la ignorancia con que los franceses han escrito y escriben respecto de la
ciencia española, pues ni Gallucio, ni Miguel Pérez, hablan en
su libro una palabra de historia.

PEREZ CASCALES (FRANCISCO).—Nació en Guadalajara, pero
vivió principalmente en Sigüenza. En ella fué distinguido profesor de medicina, singularizándose en el tratamiento de las enfermedades de los niños, como el garrotillo, acerca del que imprimió un tratado titulado así: *Liberde afeccionibus puerorum
una cum tractatu de morbo illo vulgariter garrotillo apellato cum
duabus questionibus Altera vero de fascinatione.*—Madrid 1611.

Fué Cascales muy elogiado por sus contemporáneos.

PLAZA (DIEGO DE LA).—Natural de Escamilla; se distinguió
en su tiempo como excelente gramático, habiendo publicado un
tratado que se titula: *Género y declinaciones en cuartetos castellanos,* impreso en 1567 y digno de estimación entre las personas
inteligentes en la materia.

RUIZ (JUAN).—Como el célebre Arcipreste de Hita. Nació
aquel en Auñón; fué Alcalde mayor y Corregidor de varias villas hasta llegar á Alcalde de casa y corte de Carlos V.

RUIZ (JERÓNIMO).—Hijo del anterior; fué confidente de Felipe II y del príncipe de Eboli, además de gran soldado y secretario de embajada. También nacio en Auñón.

RUIZ DE VELASCO (MARTÍN).—Hermano del anterior, que se
distinguió no menos que él en asuntos de estado.

Tuvieron estos Ruiz numerosa descendencia de que nos da
noticia Catalina García en el "Madroñal de Auñón,,.

SILVA (EXCMO. SR. D. RODRIGO DE).—Segundo duque de Pastrana, nacido en esta villa y hermano de Fr. Pedro González de
Mendoza, ya mencionado. Fué menino de Felipe III cuando era
príncipe de Asturias, y ya mozo y hombre, figuró en los sucesos de su tiempo, ya en España, en Africa ó en Flandes, donde
murió en la villa de Lucemburg. Trajeron su cuerpo á Pastrana
en 1596.

TRILLO (ANTONIO).—Valentísimo soldado caracense como
Bernardino de Mendoza, y como él autor de una historia de las

Guerras de Flandes, que comprende desde el principio de los
tumultos ocurridos durante el gobierno de Margarita de Parma
hasta la llegada de D. Juan de Austria.

TRINIDAD (FR. FRANCISCO DE LA).—De la familia de los Gam-
boas y Caros. Tomó el hábito de religioso en S. Gerónimo de
Lupiana en 20 de Junio de 1589. Desempeñó funciones de importancia en su orden, distinguiéndose por su piedad y pureza
de costumbres. Nació en Brihuega.

YANGUES (FR. MANUEL).—Es de aquellos religiosos que aban-
donando la patria se dirigieron á las Indias con objeto de pre-
dicar el evangelio y desterrar la idolatría en que estaban sumi-
dos aquellos indígenas; de los que hicieron por la civilización
de los paises recientemente descubiertos por entonces más que
la espada de los conquistadores. Como la principal dificultad
con que tropezaban era la de no poderse entender, dedicáronse
á estudiar lenguas y dialectos, y después á escribir el fruto de
sus observaciones. En este sentido, nuestro Fr. Manuel, que nació en Guadalajara, escribió una gramática cumanagota.

YEBRA (FR. MELCHOR DE).—Hijo del Capitán D. Pedro Sánchez del Arco y de D.ª Catalina Nieto, señores de Yebra, era á
la vez nieto de D. Bernardino del Arco y Loaisa, que casó en
Guadalajara.

Fr. Melchor tuvo otros tres hermanos:

D. Juan Martín del Arco, cura que fué de Cervillejo; D. Nicolás del Arco y D.ª María del Arco, que casó en la villa de Pastrana con Juan Gómez de Utiel. Tuvo este matrimonio por fruto de bendición á D. Juan Gómez del Arco, padre del famoso y
V.P. Fr. Juan del Arco.

Tomó el hábito de religioso Fr. Melchor en el convento de
San Juan de los Reyes de Toledo, siendo después Guardián del
convento del Castañar, Presidente en Toledo y Prelado de la
esclarecida casa de Santa María de Jesús, confesor de las sere-
nísimas infantas D.ª Isabel Clara Eugenia y D.ª Catalina, hijas
de Felipe II, así como por aquél entónces también de las Descalzas reales, y últimamente Definidor de la provincia de Castilla.

Falleció á los 60 años de edad y 40 de religioso, el de 1586, ha-
biéndole dedicado un entierro singular Fr. Pedro de Santander,
escolástico doctísimo. Su sepulcro está en la sacristía, á la derecha, al pié de un altar de Nuestra Señora, á la parte de la
epístola.

Fr. Melchor, á quien todos los que le conocieron á una voz le apellidaban el santo, escribió un libro que después de su muerte se dió á la prensa con el título *Refugium infirmorum.* También escribió otro con la denominación de *La pasión de Cristo.*

URREA (MIGUEL DE).—A semejanza de Luis de Lucena, fué matemático y arquitecto distinguido, y el primero que tradujo al castellano la obra de arquitectura de Vitrubio, cuya traducción vió la luz pública despues de su fallecimiento, en 1582; así que el privilegio se dió á su viuda.

Nació en Fuentes.

SIGLO XVII.

CABERO (FR. CRISÓSTOMO).—Monge de la orden del Cister, que nació en Guadalajara en 1585. Desempeñó cátedras de Teología, en la que era Doctor, y de Artes en Alcalá y otros puntos; fué famoso orador y escribió en idioma latino tres libros de *Dialéctica.*

Comentarios á la Lógica de Aristóteles, (Valladolid, 1622).

De generatione et corruptione.

De Anima.

En 1628 imprimió en Alcalá otro de súmulas y escribió otros que su poca salud le impidió publicar.

Murió en Alcalá hácia 1650.

CASTILLO (ANDRÉS DEL).—Natural de Brihuega; fué escritor del género novelesco, como lo prueban seis novelas tituladas *La mogiganga del gusto,* pero de menos mérito que los novelistas que hemos citado anteriormente.

CASTILLO (FR. CONSTANTINO).—Religioso natural de Atienza; se distinguió como escritor místico.

CELADA (EL P. DIEGO).—Ilustre escritor religioso, astro de primera magnitud, dice Catalina García. Se dedicó á la enseñanza en Madrid y Alcalá y escribió varias obras en sendos tomos. Nació en Mondejar.

CORUÑA (EL CONDE DE).—Nació este distinguido y poco conocido poeta dramático en el castillo de Torija, de cuya villa tenían los de esta casa el título de Vizcondes. (1)

Fué el 7.º conde de su título, y si no natural, vecino de Guadalajara; se llamaba D. Sebastián de Mendoza, y heredó el título y mayorazgo por muerte, sin sucesión, del hermano mayor.

Tomó parte en sucesos militares de su tiempo, y desempeñó altos cargos, entre ellos Virrey y Capitán general de Navarra y gentil-hombre de Cámara del príncipe Baltasar Carlos. Siendo electo Virrey y Capitán general de Perú, cargo que habían ejercido algunos de sus ascendientes, murió en esta ciudad á 23 de Setiembre de 1646, sin sucesión también, desposado únicamente por poderes, con la hija de uno de los distinguidos títulos de aquel tiempo.

Torres le dedica sentidas frases en esta forma: «Faltó la varonía de esta Excma. Casa y uno de los más generosos, discretos, *doctos en letras humanas y divinas*, valientes y apacibles señores que se han conocido. Fué amparo de todos los vecinos de Guadalajara y el vecino que más estimación hizo de ella. Sé decir que no quedó persona en esta ciudad que no sintiese con gran ternura su muerte; cada uno imaginó haber perdido su padre: tan bueno era como todo esto».

La afirmación de que fué distinguido poeta dramático la hacemos fundados en el testimonio de Catalina García, que se limita á lo mismo, á afirmar. Algo añade Torres cuando dice que fué docto en letras divinas y humanas; pero ninguno enumera sus obras. ¿No pudo su modestia, según los calificativos que le aplica Torres, ser causa de que sus composiciones no se imprimieran? Impresas ó manuscritas debió conocerlas Lope de Vega, porque en su «Laurel de Apolo», silva VI, le dedica los siguientes encomiásticos versos:

«Pues ¿qué no te asegura
La erudición, la gracia y la dulzura

---

(1) El título de Conde de Coruña se concedió, como dijimos antes, á Don Lorenzo Suarez de Mendoza y Figueroa, 6.º hijo del marqués de Santillana. Almirante, en su «Bibliografía militar», Madrid 1886, explica así su etimología: «Enrique IV donó á Don Lorenzo con el título de Conde la villa de *Coruña*, llamada por esta razón del Conde, corrupción de *Cruña*, que lo es de *Clunia*, ciudad magnífica y populosa del tiempo de los romanos, 4.º convento (Cluniensis) de la provincia de Tarragona, de que aún parece se encuentran ruinas, vestigios y monumentos, como es de ver en Ambrosio de Morales. Hoy es modesta población de 500 habitantes, en la provincia de Burgos, partido de Aranda, obispado de Osma, siendo poseedores del título los marqueses de Bélgida, en cuya casa se halla la de los condes de Coruña incorporada.»

Del *Conde de Coruña*, en quien hallaras
Letras ocultas y virtudes claras?
Que los ríos famosos
Van más callados cuanto más copiosos».

DURON (EL MAESTRO SEBASTIAN).—Este célebre músico, nacido en Brihuega, fué la admiración de sus contemporáneos por su prodigioso talento musical. Es extraño que no figure de ninguna manera, á lo menos en los tres últimos tomos del *Diccionario* de Saldoni.

Murió en Viena, legando gran parte de su caudal á la Virgen de la Zarza, en la parroquia de San Juan de Brihuega, á cuya imágen dedicó en vida devoción especialísima, adornando la capilla donde se venera y extendiendo su culto.

FERNANDEZ DE MENDOZA (DIEGO).—Se distinguió como escritor genealogista, cuyas obras desconocemos, pero no obsta para que le apuntemos en nuestra Colección á semejanza de lo que hacemos con algun otro, pues andando los tiempos, factor importante en todas las empresas, por pequeñas que sean, tropezaremos con nuevos datos que aportar.

Nació en Guadalajara.

FUENTE PIÉROLA (GERÓNIMO DE LA).—Grandemente aficionado á las letras, que cultivó con provecho hasta el punto de ser elogiado por Lope de Vega; pero en lo que adquirió gran nombradía fué en su profesión de farmacéutico, siéndolo del Rey, acerca de la que publicó algunas obras y otros menores estudios.

A Mandayona cabe la gloria de contarle entre sus hijos.

FUENTES (FR. MIGUEL DE).—Natural de Torija; obispo de Lugo y escritor de obras que merecieron reimprimirse. Estas son: *Examen teológico* y *Discursos sobre las Huelgas de Burgos*.

GUERRA (GASPAR).—Poeta y escritor dramático. Nació en Argecilla.

GUTIERREZ DE SALINAS (DIEGO).—Hijo de Brihuega; se distinguió como agricultor, siendo labrador práctico. De sus experimentos es señal una obra que publicó en 1600, con título Kilométrico, que empieza así: *Discursos del pan y del vino del niño Jesús.* Estos discursos, unidos á la obra de Agricultura de Herrera, han sido reimpresos varias veces, lo que prueba su interés en el asunto de que se ocupan.

HURTADO DE VELARDE (ALFONSO).—Nació en Guadalajara, y fué celebrado poeta dramático. Escribió á lo antiguo famosas comedias y otras obras, dice Torres, quien le llama el *Viejo*. Es autor de aquel romance que pone en boca de Pedro González de Mendoza, cuando éste, en la desgraciada batalla de Aljubarrota, ofreció su caballo al Rey para que escapara, y que dice:

"El caballo vos han muerto,
Sobid Rey en mi caballo,
Y si no podeis sobir
Venid, sobiros hé en brazos„ (1)

HURTADO (GASPAR).—Nació en Mondejar, como Celada, y como él fué jesuita y astro de primera magnitud, de que debe estar orgulloso su pueblo. Se dedicó también á la enseñanza y fué fecundo escritor. Antes que jesuita había sido de la Orden cartujana. Murió el 5 de Agosto de 1647. A continuación apuntamos los títulos de algunas de sus obras.

Tractatus de Matrimonio, 1627.

Tractatus de beatitudine, bonitate, malitia, virtutibus, habitibus et peccatis, 1630.

Tractatus de fide spe et charitate, 1632.

Tractatus de Sacramentis et Consevcis.

Disputaciones de matrimonio, 1627.

De incarnatione Verbi, 1628.

De Eucharistía sacrificio Missæ, 1633.

De Sacramentis in genere, 1629.

Tractatus de justicia et jure, 1637.

Tractatus de Deo, 1641.

Estas obras solas bastarían para probar la fecundidad de un escritor.

LAGUNEZ (MATIAS).—Renombrado en los tribunales de justicia de su tiempo como abogado de fama. Fué además escritor en asuntos relacionados con su profesión. Nació en Sigüenza y murió en el Perú.

LEÓN (FR. MANUEL).—Nació en Pastrana el día 15 de Agosto de 1631. Se distinguió como poeta llegando á serlo famoso. Fué uno de los capellanes de Carlos II.

LOPEZ (BLAS BENITO).—Fué un distinguido músico de la Real

_____

(1) En la biografía de Pedro González de Mendoza, le copiamos íntegro.

capilla de Madrid, que nació en Brihuega en la segunda mitad del siglo XVII.

LOPEZ DE HARO (ALFONSO).—De quien se dedicó á escribir vidas de los demás, sabemos muy poco de la suya propia. Tal sucede con Lopez de Haro, de quien se duda hasta el lugar de su nacimiento.

Catalina García y Escudero colocan á tan distinguido genealogista entre los hijos de Guadalajara. Torres, que, bajo la denominación «De los varones más señalados así en puestos eclesiásticos como en letras divinas y humanas» (1) incluye entre otros muchos á López de Haro, dice de él que «fué *vecino* de Guadalajara y casado con una señora natural de ella.» Esto no es asegurar que naciera aquí, pero nos bastan las dos autoridades anteriores para que nosotros le hagamos caracense.

Fué cronista de Felipe IV y el más fecundo, distinguido y estimable de los genealogistas de su tiempo.

Sus obras más conocidas son:

Nobiliario genealógico universal de todos los magistrados, oficios y dignidades de los títulos feudatarios que el católico rey D. Enrique II, décimo quinto rey de Castilla, dió á los caballeros de estos reinos y fuera de ellos y los que dieron los reyes y sus sucesores hasta el católico rey D. Felipe el II. Acabado en 12 de Diciembre de 1615.

Nobiliario genealógico de los Reyes y títulos de España, 2.ª parte del anterior, 1622.

Linajes ilustres de las casas de Castilla. Casas solariegas del principiado de Cataluña. Genealogía de los Sres. de Grimaldo. Genealogía de la casa de Trejo y arbol genealógico de la casa de Mendoza.

MARCHANTE (D. MANUEL DE LEÓN).—Canónigo de Alcalá y festivo poeta hasta el punto de llamarle sus contemporáneos «Sal nativa del Parnaso.» Los que se han ocupado de sus poesías, publicadas después de su muerte en dos tomos, le comparan con Quevedo á quien se parecía mucho, pero no adquirió la celebridad de éste. Nació en Pastrana, 1623, y murió en Alcalá en 1680.

De sus obras, coleccionadas por Fernando Monge é impresas á su costa en 1722, citamos las siguientes:

La Virgen de la Salceda.

Las dos estrellas de Francia.

El rey de los tiburones.

---

(1) Libro 8.°, cap. 12.

El paso al rio de noche.
El Alcalde de Mairena.
Los dos mejores hermanos, San Justo y Pastor.
Las tres manías y visita de los presos.
El Astrólogo y los sacristanes.
La Vidriera.
Los reales sitios.
Los motes.
La Manzana y otras varias.

Del mismo autor es también la siguiente:

Villancicos que se han de cantar en la Santa Iglesia Magistral de San Justo y Pastor de Alcalá de Henares, en la noche de Navidad de este año de 1674.

Compuso muchos villancicos.

MADRE DE DIOS (FR. FRANCISCO DE LA).—Carmelita y prior del desierto de Bolarque. Dióse á conocer como profundo teólogo en la *Médula mística* de que fué autor. Nació muy cerca de donde ejerció sus funciones priorales, en Pastrana.

MADRE DE DIOS (FR. ALEJANDRO DE LA).—Distinguióse como escritor místico y de historia. Los tratados *Manual cristiano* y *Luz del alma* fueron impresos muchas veces. Como cronista general que fué de la Orden de trinitarios descalzos, á que perteneció, escribió en 1706 la *Crónica* de la citada orden, 2.ª parte, considerada como una cosa notable. En la misma orden desempeñó otros cargos importantes. Nació en Tomellosa en 1656.

MARTINEZ GUINDAL (JOSÉ).—Presbítero, de Pareja, que se distinguió algún tanto como poeta religioso.

MAYO (FR. BARTOLOMÈ DE).—Natural de Brihuega. Fué famoso teólogo y clásico predicador. Desempeñó altos puestos en la Orden de San Francisco á que pertenecía, y murió en Madrid el año de 1681.

MENDOZA (P. PEDRO GONZALEZ DE).—Jesuita, caracense. Lució sus dotes de escritor en varias obras destinadas á la defensa de la Inmaculada Concepción y á tratar del matrimonio.

Fué orador famoso y dejó escritos sus sermones, según costumbre, y dado que nuestros predicadores eran los más famosos del catolicismo. (1)

_____

(1) «También tuvieron gran fama en Italia y fueron imitados nuestros predicadores, cuya severidad de lenguaje y sencillez de exposición en la doctrina era admirada por los italianos.....» (Picatoste)

En la Biblioteca Nacional se halla la oración fúnebre que pronunció en la Catedral de Toledo, con motivo de las honras de D.ª Margarita de Austria, mujer de Felipe III, el dia 21 de Diciembre de 1611.

MILLÁN DE QUIÑONES (DIEGO).—Seguntino, doctor en ambos derechos del colegio de San Clemente de Bolonia (1610), en el que explicó cánones, pasando en 1614 á Pavía como catedrático con 600 ducados anuales, cuya asignación fué aumentada hasta 800 en 1619. Escribió muchas obras de derecho; fué magistrado y después senador en Milán. Murió en esta última población el día 22 de Junio de 1633, siendo sepultado en la iglesia de San Cárlos. En su sepulcro está escrito el siguiente epitafio:

D. O. M.
Didaco Milliano Seguntino J. C. celeberrimo
Salmanticæ Bononiæ et Papiæ Legum
Interpreti supremo mox Mediolani extra
ordin redituum Quæstori indeque
Regio Senatori hic quiescenti
ab anno MDCXXXIII die XXII
Junii
Ferdinandus Millianus Peditum dux
Frati benemerito.

NATIVIDAD (FR. MANUEL DE LA).—Escritor religioso de gran actividad que, aparte de otras obras, dícese que dejó manuscrita una que se componía de nueve tomos en folio. Nació en Hita, y fué religioso franciscano en un convento de Castilla la Vieja.

NUÑEZ DE PRADO (JOAQUIN).—Poeta muy celebrado de su tiempo. Nació en Guadalajara.

PECHA (EL P. HERNANDO).—Descendiente de ilustre familia, nació en Guadalajara en los comienzos del siglo xvii.

Entre sus antecesores figura en primer término, el progenitor de la familia de los Pechas de Guadalajara, Fernan Rodriguez Pecha, camarero de Alfonso XI, y los hijos de este Pedro Fernandez Pecha, fundador del monasterio de Lupiana y de la Orden de San Gerónimo en España, y D. Alonso Pecha, obispo de Jaen, que no biografiamos por no alargar estos *Apuntes*, enterrados los tres por mucho tiempo en una magnífica capilla de la fundación del primero, en la iglesia de Santiago, titulada de

San Salvador, hoy desaparecida y con ella los artísticos sepulcros que cobijaba.

Núñez de Castro trae la siguiente genealogía del P. Hernando.

Hernán Sánchez Calderón casó con Mencía Pérez Pecha, hija de Fernán Rodríguez Pecha, Camarero de Alfonso XI. (1)

Tuvo cuatro hijos:

Francisco Calderón Pecha.

Hernando Calderón, Alférez.

Francisco Pecha (el Santo.)

Diego Pecha.

De segundo matrimonio tuvo Hernán Sánchez Calderón con
D.ª Juana Herrera Campuzano á D. Pedro Pecha Calderón.

De segundo matrimonio casó D. Pedro Pecha en Hita con
D.ª Francisca de Heredia de Aragón, que poblaron aquella villa, cuyo hijo es el *P. Hernando Fecha*, religioso de la Compañía de Jesús, y Calificador de la Suprema Inquisición.

El P. Hernando Pecha ingresó muy jóven en el colegio de
la Compañía de Jesús de la ciudad de Alcalá, donde profesó.
Distinguióse como buen estudiante, y después de profeso, en la
enseñanza y en la predicación donde se mostró incansable. Fué
muy docto y erudito, especialmente en historia.

Desempeñó honrosas y difíciles comisiones en su Orden. Entre ellas se cuentan el planteamiento y dirección del colegio de
San Francisco Javier en Nápoles, fundación de D.ª Catalina de
la Cerda y Sandoval, condesa de Lemos, y el que en Guadalajara fundaron D. Diego de Molina y Lasarte y D.ª Mencía de Lasarte, su mujer, y del que fué Rector, donde hoy es la iglesia de
San Nicolás y casas adjuntas, situada en el Jardinillo, en aquellos tiempos plaza del Conde de Coruña. Desde 1619 en que firmó la escritura de fundación de este último colegio hasta 1631
en que tomaron posesión los jesuitas de las casas cedidas para
el indicado objeto, van 12 años de entorpecimientos y dificultades que únicamente la paciencia, bondad y prudencia del P. Pecha hubieran sabido vencer. (2)

Se distinguió además como escritor, de quien son las obras
siguientes:

Primacía de Toledo.

Vida y pasión de Cristo.

Historia de Guadalajara, fundacion de la orden de San Geróni-

(1) Hermana, por consiguiente del fundador Pedro y del obispo Alonso.
(2) Las causas de este entorpecimiento las explica D. José Julio de la Fuente en
su folleto «Reseña histórica de las enseñanzas qué existieron en Guadalajara.»

mo en España y genealogía de los duques del Infantado, que existe
inédita en la Biblioteca Nacional.

Torres dice: «El P. Hernando Pecha, de la Compañía de Jesús, en cuya religión ha ocupado puestos superiores, es docto y
modesto, pues sus trabajos padecidos por la perpetuidad de su
patria, quiere manifestarlos con ageno nombre.»

Acaso se refiera Torres á los obstáculos que tuvo que vencer para instalar en Guadalajara el colegio mencionado. Con
las últimas palabras no sabemos lo que quiere decir.

PEÑALOSA (P. AMBROSIO DE).—Catedrático en Viena, predicador famoso y escritor. Es hijo de Mondejar.

PEREZ CARPINTERO (D. JUAN).—Nació en Brihuega, y fué religioso en el convento de San Norberto de Madrid. Aquí le
nombraron obispo de Honduras en 1700.

PRADO (ANDRÈS DEL).—Hijo de Sigüenza; fué regular novelista. Entre sus obras figuran las *Meriendas del Ingenio y Entre-
tenimientos del buen gusto*, en seis novelas, que escribió en 1663·

RUIZ DE VALDIVIESO (FRANCISCO).—Natural de Brihuega;
Abad de Santa Coloma, dignidad de la catedral de Sigüenza.

El Sr. Sepúlveda cita varios Ruiz, parientes, que se sucedieron en la Abadía, de quienes dice que fueron esclarecidos oradores sagrados.

SANCHEZ PORTOCARRERO (D. DIEGO).—Fué regidor perpetuo
de Molina, donde nació, capitan de sus milicias y su historiador.
Tiene hasta aquí puntos de semejanza con Torres, el historiador de Guadalajara.

En 1642, cuando la guerra de Cataluña (á la que asistió el
Torres mencionado), le agració Felipe IV, recompensando servicios especiales, con el hábito de Santiago, y después con e
nombramiento de administador de rentas reales de Almagro,
donde murió en 1665.

Su principal obra, pues también fué distinguido escritor, es
la *Historia de Molina*, primera parte, 1641. La segunda, que alcanza hasta el reinado de los Reyes Católicos, no llegó á imprimirse, y se conserva inédita en la Biblioteca Nacional, donde
también existen manuscritas unas *Noticias* para la vida del autor. Los datos que apuntados quedan, tomados de Catalina García, Escudero y Almirante, no convienen en parte con los que

aduce D. Antonio Moreno (1) cuando asegura de Sánchez Portocarrero que no pudo escribir más que la primera parte y murió sin concluirla en el servicio de las armas; que solo describió la antigüedad de Molina hasta la pérdida de España, ofreciendo comprender en la segunda parte los sucesos y fortuna de aquella ciudad desde su repoblación por el conde D. Manrique, primer señor de Molina, hasta la época del autor, con otros asuntos que cita. Aunque nosotros no hemos visto los manuscritos, damos crédito á los tres primeros autores. En este caso tenemos que dar por supuesto que D. Antonio Moreno no los conocía, pues otra cosa sería ofenderle. Es verosímil que no los conociera si tenemos en cuenta que cuando escribió su obra hacía cerca de 120 años que Portacarrero había escrito la suya, de cuyo político retrato, el de la historia, según dice D. Antonio, solo tenía pintada la cabeza y él se proponía pintar todo el cuerpo, aunque lamentándose de que su pincel fuera pálido en comparación con el de Portocarrero.

Este fué autor además de dos obras sobre el culto de la Concepción Purísima, otras desconocidas y la siguiente: *Nuevo catálogo de los obispos de Sigüenza y de los sucesos más señalados en el obispado colegido de graves autores y de instrumentos auténticos, 1646.*

Es, en resumen, un hijo ilustre que honra á su patria.

SEGURA (FRANCISCO DE).—Nació en la villa de Atienza y fué porta-estandarte del virrey de Aragón. Grandemente aficionado á la literatura, escribió en 1614 el *Romancero historiador* y el de los *Reyes de Portugal, Archimusa de varias rimas*, y otras obras poéticas.

TRIJUEQUE (FR. BENITO).—Lego de los carmelitas de Brihuega y Pastrana, tan bueno y tan virtuoso, tan amigo de sus semejantes que, según el Sr. Sepúlveda, murió en olor de santidad el año 1614. Nació en Brihuega.

URBINA (D. DIEGO).—Se distinguió notablemente en las guerras de Italia y Flandes, mereciendo que su nombre se halle consignado en la historia.

---

(1) Este señor nació también en Molina, y escribió *Rasgo histórico, glorias de la muy noble, leal y antigua villa de Molina y su señorío*, manuscrito inédito de 800 páginas en folio. No cita fecha, pero se deduce que lo hizo hácia 1761.

En *Breve historia del santuario de Ntra. Sra. de la Hoz de Molina de Aragón*, por el Sr. López Moreno, 1865, se da la noticia de que D. Antonio Moreno escribió también, en 1722, *La Ninfa más celestial de las márgenes del Gallo, la milagrosa aparecida imágen de Ntra. Sra. de la Hoz.*

También Cervantes que, como sabemos, estuvo en Italia, menciona á nuestro paisano cuando en boca de uno de los personajes de su famoso libro pone estas palabras: «alcancé á ser alférez de un famoso capitan de Guadalajara llamado Diego de Urbina.» (1) De manera que con esto queda dicho que Diego de Urbina ha recorrido el mundo todo, y ha sido pronunciado su nombre en muchas lenguas diferentes, tantas como traducciones se han hecho del Quijote.

VEGA (CRISTÓBAL DE).—En Peñalver nació este insigne varón, de cuya persona dice un ilustrado escritor "que fué admirado de los doctos, venerado de Felipe II y oráculo de las universidades nacionales y extranjeras„ en cuanto á que como médico figuraba á la cabeza de los de su tiempo. Fuélo de la Cámara real y en ella —curando al príncipe Carlos de una grave enfermedad, á consecuencia de un gran golpe que sufrió en la cabeza— y fuera de ella, adquirió fama imperecedera.

También se distinguió como escritor notable, imprimiéndose varias de sus obras, una de ellas excelente tratado sobre la orina, en 1553. En este mismo año y en 1580 publicó otras dos obras.

VILLARROEL (D. JOSÉ DE).—También fué médico como el anterior, de Carlos II, y nació en Pastrana el 18 de Abril de 1615.

Distinguióse además como poeta de algún mérito.

VILLAVICIOSA (D. JOSÈ DE).—Prueba la importancia de la persona que ligeramente vamos á biografiar, que varias poblaciones se disputan la gloria de tenerle por hijo. Cuenca es una de ellas. Y en verdad que otras tendrían menos motivos, que si allí no nació, allí tuvo su albergue; allí adquirió el conocimiento de las primeras letras, allí compuso algunas poesías amorosas que no se publicaron, de allí fué Inquisidor, de un pueblo de la provincia distante cinco leguas de la capital, Reillo, fué el primer Señor, y en Cuenca cerró las ojos á la luz, recibiendo los últimos Sacramentos del cura de la parroquia de San Pedron el Alto. Por eso Juan Pablo Martir Rico en su "Historia de Cuenca„ le coloca entre los varones excelentes que han salido de esta ciudad, cosa que no nos llama la atención, pues de una manera parecida se conducen Torres y Núñez de Castro

(1) Historia del Cautivo, cap. 89.

en las historias de Guadalajara, de que son autores, respecto de muchas personas de más ó ménos significación que en ellas figuran.

Pero Villaviciosa nació en Sigüenza. Así se asegura en las notas biográficas que preceden á la Mosquea, (edición de 1777) recogidas y ordenadas por D. Nicolás Rodríguez Lasso, Secretario del Ilmo. Sr. Obispo de Cuenca, según informaciones que obraban en el Consejo de la Inquisición. Catalina García y Sala hacen la misma afirmación, pero no están conformes · en la fecha de la muerte de nuestro biografiado, pues mientras Sala la fija en 1663, Catalina, más acertado, lo hace en 1658, de conformidad con Barcia, quien especificando más, añade que fué á 28 de Octubre. Esta fecha y la de su nacimiento en 1589 son las que se citan en las notas á que antes nos hemos referido, que consideramos más exactas.

Insistiendo acerca de la naturaleza de Villaviciosa, él mismo afirma que Cuenca fué su segunda patria, cuando en el canto I, octava LIX, de su *Mosquea*, dice:

«Y mi *segunda patria*, y sin segunda,
diga si su campaña menosprecia,
entre las dulces aguas de que abunda
con leves cursos y corriente recia:
la que sus campos fértiles fecunda,
el salado cristal que tanto precia
del Rio *Moscas*, grande en el provecho,
que á *Xucar* paga el caudaloso pecho».

Su padre, Bartolomé de Villaviciosa, nació también en Sigüenza; y su madre, María de Azañón, en Fuentelaencina, y eran personas principales en aquellos tiempos.

En resumen, D. Jose de Villaviciosa fué lo siguiente: presbítero, primer señor de Reillo, Inquisidor apostólico, Arcediano de Alcor en la Catedral de Palencia, Canónigo y Arcediano de Moya. Además se graduó de Doctor en Derecho canónico, ejerció la jurisprudencia en Madrid y en 1622 era Relator del Supremo Consejo de la Inquisición, cuyo empleo le desempeñó muchos años, en atención á lo cual y á sus méritos le fué conferida la plaza de Inquisidor de la ciudad y reino de Murcia en 21 de Agosto de 1638, y en 6 de Junio de 1644 la de Inquisidor de Cuenca, donde murió, segun indicamos antes, siendo enterrado en su capilla de la iglesia de Reillo.

Nada de esto le hubiera dado la inmortalidad á Villaviciosa si no hubiera escrito *La Mosquea*, poética inventiva en 12 cantos y más de 1000 octavas, impresa en 1615 en Cuenca, cuando apenas contaba 26 años de edad, dedicada á D. Pedro Rábago, regidor de esta ciudad.

Es *La Mosquea* un poema heróico-burlesco en que se describe la guerra de las moscas y las hormigas, asunto baladí por cierto, pero desarrollado tan magistralmente, que es citado como modelo por aquellos que son peritos en materias de literatura. (1)

Nosotros tenemos noticia de una tercera edición en 4.°, 351 páginas, impresa en Madrid por D. Antonio de Sancha en 1777.

SIGLO XVIII.

ASENSIO Y MEJORADA (FRANCISCO).—Grabador que nació en Fuentelaencina en la primera mitad del siglo que nos ocupa, y murió en 1794. Se distinguió por la perfección y delicadeza de sus grabados, y fué empleado en la Biblioteca Real de Madrid.

CASAL (GASPAR).—Médico notable de la provincia, que ejerció su profesión en Asturias, cuyas condiciones físicas y naturales describió, así como las enfermedades más comunes que allí reinaban, en una obra que lleva por título *Historia natural y médica del principado de Asturias.*

Nació en Guadalajara.

CELADA (EL P. SEBASTIAN).—Monje cisterciense, hijo de Fuentelaencina, excelente escritor sagrado, autor de una obra sobre el concepto de Dios.

FERNANDEZ DE BETETA (D. FRANCISCO).—Alcalde mayor de lo civil y criminal, Corregidor interino y Superintendente general de las rentas reales y servicio de millones en la ciudad y reino de Granada. Nació en Pastrana en 8 de Julio de 1813.

---

(1) Picatoste, hablando de poesía y poetas, dice:
"Nuestros poetas tuvieron más arte y más inspiración para cantar asuntos burlescos que asuntos heróicos en la forma de poema. *La Mosquea*, de Villaviciosa, *tiene muchas bellezas* indignas del asunto, y el mismo Lope de Vega en *La Gatomaquia*, demuestra aptitudes que no desarrolló en poemas sérios.„

Esto. nos dice el Sr. Pérez Cuenca, citando otros varios del mismo apellido que también se distinguieron, como son:

Beteta (Fr. Luis Fernández), provincial de San Francisco.

Beteta (D. Manuel Fernández), Capellán de honor de Felipe IV.

Beteta (D. Francisco Fernández), Diputado.

GARCIA PICAZO (FR. JUAN).—Nació en Gualda y fué religioso franciscano. Desempeñó una cátedra en Alcalá y escribió un libro cronológico sobre asuntos de la Biblia, cuyo título es *Cronología universal,* que cita Almirante en su «Bibliografía militar de España.»

Dicho libro, publicado en 1750, consta de dos volúmenes en folio.

GARCIA (FR. MIGUEL).—Teólogo distinguido, natural de Loranca.

GARCIA DOBLADO (FR. JOSE).—Artista grabador que nació en Alocén. Dice Catalina García que tuvo escasa fortuna en el dibujo, lo que no obsta para que fuera fecundo. Los emblemas que muestra «La Tipografía española» son del agustino Doblado, grande amigo del autor de este libro, el P. Méndez. De esta «Tipografía» se hizo una segunda edición en 1861.

GUTIERREZ CORONEL (DIEGO).—Presbítero, de Jadraque, Comisario del Santo Oficio de las Inquisiciones de Corte y Cuenca y distinguido historiador, como lo acreditan las obras siguientes, únicas de que nosotros tenemos noticia:

Historia del origen y soberanía del Condado de Castilla y sucesion de sus condes hasta su ereccion á la real dignidad de reino y de las uniones y divisiones de los reinos de Castilla y Leon hasta la última union del Santo rey Fernando.—1785.

Disertacion histórica, cronológica y genealógica sobre los jueces de Castilla, Nuño Nuñez Rasura y Lain Calvo, y el verdadero tiempo y año, motivos y circunstancias de su eleccion y judicatura.—1785.

GUTIERREZ (D. MANUEL).—Todos sabemos las aficiones de Carlos I á la relojería, de que dió pruebas cuando se retiró á Yuste. El ejemplo del soberano no obtuvo, al parecer, muchos imitadores, porque el arte en cuestión, como otros, no recibió impulso hasta los tiempos de Carlos III. Entonces hubo tentativas de aclimatación del mencionado arte en España, y al efecto se abrió concurso acerca de la mejor manera de realizar el pensamiento, presentándose D. Felipe y D. Pedro Charost, hermanos, relojeros é ingenieros franceses, el año de 1770, con un estudio completo conducente al fin dicho.

Lo mismo hizo D. Manuel Gutierrez, natural de Sigüenza, y á pesar de las ventajas de su proyecto sobre el de los franceses y de que se sometió á las pruebas propuestas por D. Juan Hermosilla, juez nombrado al efecto por la Junta de Comercio para comparar ambas proposiciones y examinar los trabajos de oposición, trabajos que no ejecutaron los hermanos Charost, alegando que era notoria su suficiencia en el arte, se admitió la propuesta de estos, y por Real cédula de 28 de Noviembre de 1771, quedó establecida la Real Escuela de relojería de Madrid, que se instaló en la calle del Barquillo, «sin perjuicio del establecimiento de la nueva fábrica de relojes y piezas de que se componen que pretendía hacer D. Manuel Gutierrez, natural de Sigüenza» ¿Por qué postergaron á Gutiérrez? No se dieron explicaciones. Dice Fernández Duro que Gutiérrez cometió el pecado de ser español, que no aparece otra cosa á que atribuirlo.

No bastó, pues, que en tiempos anteriores demostrara nuestro paisano su habilidad con la construcción de un reloj de bolsillo que, por conducto del infante D. Luis, regaló al Rey, y que encontramos descrito en los términos siguientes: «Era de acero calado y tenía en lugar de piñones linternas, empresa que se tenía por imposible, y que puso en duda la seguridad de la máquina hasta que se comprobó lo contrario. La muestra ó esfera era igualmente de acero, llevando calados no solamente los números, sino también en el centro la palabra *Madrid* y el apellido del autor, concurriendo un secreto que hacía difícil desarmar el reloj».

«Acompañábale una cadena con embutidos de oro, y al remate tres candaditos, dos de ellos de tres esquinas y el de enmedio redondo, del tamaño de un perdigón zorrero, con sus correspondientes llaves.»

Renunciamos á seguir copiando, por falta de espacio, otras descripciones. Terminaremos indicando que D. Manuel Rico y Sinobas, citado en las noticias biográficas de Rostriaga, posee también de Gutierrez una platina ó máquina para fabricar ruedas dentadas de relojería, y que el brigadier D. R. Nogués adquirió en 1870 una máquina de reloj, en la cual se lee sobre una faja de oro que la sujeta **Manuel Gutierrez, en Madrid, número 2;** que la montó en una caja de hierro incrustada de oro, y «marcha muy bien siendo la admiración de los aficionados á las artes, arqueólogos y coleccionistas de curiosidades».

LIBRERO (DR. D. AGUSTIN).—Nació en Pastrana el día 1.º de Noviembre de 1768. Fué Capellán de Honor, Consiliario del Hospital general de Madrid, dignidad de la catedral de Salamanca, Cancelario y Rector de su Universidad, con honores del consejo de S. M. y caballero de Santiago.

LOPE (D. MIGUEL).—En Castejón de Henares nació este músico notable que desempeñó por espacio de 42 años la plaza de primer bajonista, para la que había sido nombrado en 3 de Octubre de 1756. Fué de ejemplar conducta y murió en Madrid á 28 de Septiembre de 1798.

LOPEZ ARGULETA (D. JOSÉ)—Es hijo de El Casar de Talamanca, y escritor distinguido como se revela en una *Apología por el hábito de Santo Domingo en la Orden de Santiago* (1725), de la que fué fraile canónigo, Lector de Teología y archivero general, y en la *Vida del benerable fundador de la Orden de Santiago y de las primeras casas de redentores de cautivos,* (1732). Estudió en Alcalá y dióse también á pasatiempos literarios. Fué además canónigo reglar de San Agustin.

LÓPEZ PELEGRÍN (D. JUAN)—Nació en la ciudad de Molina de Aragón el día 19 de Abril de 1769; estudió Filosofía en la Universidad de Zaragoza y obtuvo el grado de Bachiller en la referida facultad; estudió después con aprovechamiento la Sagrada Teología en la citada Universidad y al mismo tiempo fué alumno del Colegio de Teólogos de Calasanz y del de San Pío V, distinguiéndose por su aplicación, tanto que mereció ser nombrado Vicerrector y Rector de los Colegios indicados.

En los tres últimos cursos de Filosofía tuvo repaso público por nombramiento del Claustro de la Universidad, en la que ganó después cuatro años de Jurisprudencia civil, alcanzando el grado de Bachiller en Leyes después de aprobar *nemine discrepante* los ejercicios necesarios.

Su creciente afición al estudio le impulsó á matricularse en la cátedra extraordinaria de Derecho natural y de gentes establecida en Zaragoza, donde ganó un curso, así como dos años de Sagrados Cánones en la Universidad de la misma población durante los cuales, por nombramiento del Claustro, tuvo repaso público de Leyes.

Dando pruebas de una actividad incansable, obtuvo en la universidad de Orihuela el grado de Bachiller, Licenciado y Doctor en Sagrados Cánones *nemine discrepante* en el mes de Agosto de 1794.

El Obispo de Cartagena, sabiendo las condiciones especialísimas del Dr. Pelegrín para la enseñanza, le confió la cátedra de Disciplina eclesiástica en el seminario conciliar de San Fulgencio de la ciudad de Murcia, y al año siguiente la de Decretales, en la cual explicaba, además del Derecho de decretales, las Leyes patrias y la Jurisprudencia práctica.

Fué juez examinador de los grados menores de Leyes y Cánones que se conferían en aquél seminario por privilegio de S. M.

Se recibió de Abogado en el Consejo el día 9 de Setiembre de 1796 y patrocinó desde entonces toda especie de causas así en los tribunales eclesiásticos como en los seculares.

Consiguió, por oposición, ser canónigo en la catedral de Murcia, y fué también Capellán de honor y Vicario general castrense.

LÓPEZ PELEGRÍN (D. FRANCISCO).—Natural de esta provincia; fué Diputado á Córtes por la misma en las primeras que se celebraron en Cadiz en 1812, contribuyendo, por tanto, á formar la Constitución que lleva el nombre de aquel año, ley fundamental que inició un nuevo orden de cosas en España. Fué además Procurador del Real Señorío de Molina.

LÓPEZ PELEGRÍN (D. JOSÉ).—Hermano de D. Ramón y D. Juan, biografiados en otro lugar de esta Colección. Desempeñó honrosos y variados cargos y últimamente el de Intendente de esta provincia. Nació y murió en Molina. Es el abuelo del actual Vicepresidente de esta Diputación provincial.

MELGUIZO (D. ATILANO).—Natural de Cañizar y escritor religioso. Su obra *Son más los que se salvan que los réprobos* dió lugar á variadas y serias polémicas.

PICAZO (FR. JUAN).—Doctor por la Universidad de Alcalá y fraile franciscano, sábio y erudito, como lo demuestran sus obras, y predicador famoso. Nació en Gualda, como su sobrino del mismo nombre citado en otro sitio. Escribió un *Curso teológico según el sistema de Escoto,* cuyo título en latín empieza así:

Cursus intejer Theologicus juxta miram mentem V. Doctoris et Principis Nri Joanis Duns Scoti...., en 5 tomos, de 1746 á 1754.

11

PALOMARES (FR. JUAN).—Fué otro de los famosos oradores de la provincia, en cuyo sentido dejó escrito un tomo de *Panegíricos*, además de escribir otro libro titulado: *Ciencia de los Sacerdotes*. Nació en Peralveche.

SANCHEZ GARCIA (D. MANUEL).—Como D. Miguel Lope, fué primer bajonista de la Real Capilla y tan acreditado como aquel. Juró su plaza en 5 de Setiembre de 1814.

Nació en Campillo de Ranas el día 27 de Marzo de 1771 y murió en Madrid el día 8 de Julio de 1825, en posesión de la expresada plaza.

SAN PEDRO Y SAN PABLO (FR. MIGUEL DE).—Escolapio; matemático notable. Nació en el Pobo.

TALAMANCO (FR. JUAN).—Mercenario; fecundo escritor, nacido en Horche; autor de la *Historia de la leal é ilustre villa de Horche, señora de sí misma.*—1748. Nosotros no hemos visto esta obra, pero Catalina García dice de ella que es importante por ofrecer el extracto de 81 documentos y privilegios de dicha villa, hoy perdidos.

Escribió además:

Vida del apostólico Padre el B. Fr. Juan Gilabert.—1735.

La Merced de María Coronada ó María Santísima Coronada.—1764.

De la misma villa, pero mucho más antiguo que Talamanco, es natural Fr. Juan de Horche, autor de la *Vida de San Frutos, patrón de la ciudad de Segovia, y de sus hermanos San Valentin y Santa Engracia.*—1510.

VIRUEGA Ó BRIHUEGA (D. ANTONIO).—Autor dramático, hijo de la citada villa. Escribió *El premio de la limosna ó El Tirano limosnero*, cuyo manuscrito, dice Sepúlveda, está unido en la Biblioteca Nacional á una comedia anónima titulada *La mejor Reina del Norte.*

SIGLO XIX.

ALVAREZ BEDESKTAIN (D. ANTONIO MARIA).—Nació en Guadalajara el día 15 de Junio de 1815. Los sucesos del año 23 obligaron á sus padres á trasladarse á Cádiz. Hállase de allí á poco tiempo en Madrid, no puede seguir carrera universitaria y dedícase á la música, á la sazón de 15 años, ingresando en el Conservatorio recientemente creado por María Cristina. El primer año obtuvo una medalla de plata, llegando á ser un simpático y notable pianista con numerosa clientela. Fué además hábil en dibujo y caligrafía y desempeñó con anterioridad á su reputación como músico otros destinos para atender al sostenimiento de su familia, como buen hijo. Murió en Madrid el día 7 de Junio de 1844.

BERDOY (FR. FRANCISCO).—Entre los gramáticos distinguidos que produjo nuestra provincia figura Berdoy, que nació en Alustante, y publicó una gramática titulada *Nebrija redivivo*.

También fué periodista. Decimos esto porque á principios de este siglo publicó un periódico titulado *La frailomanía*, cuyos números firmaba con el seudónimo *El frailomano*. Fué preceptor de latín en Brihuega.

Estas noticias son también de Catalina García, cuyo último libro cayó afortunadamente en nuestras manos cuando corregíamos estas pruebas.

BUENO DE LA PLAZA (D. GREGORIO).—Nació en las Inviernas el día 22 de Diciembre de 1817, y se distinguió como músico, habiendo recibido su educación musical como infante de coro de la catedral de Sigüenza. Aprendió la trompa, el violín y el contrabajo; pero su especialidad fué el órgano. Así desempeñó la plaza de organista por oposición, de la colegiata de Berlanga de Duero primeramente, y luego en la catedral de Sigüenza, después de brillantes ejercicios. Fué además compositor distinguido.

CARRASCO HERNANDO (D. BASILIO ANTONIO).—Natural de Durón; fué obispo de Ibiza y consejero íntimo de Fernando VII. Se distinguió también como escritor católico.

CASADO (D. JOSÉ).—Nació este distinguido músico en Cogo-lludo el día 14 de Marzo de 1831. Se distinguió como profesor de piano, ejerciendo su profesión en colegios distinguidos, y como compositor, pues á su ingenio se deben algunas composiciones religiosas y profanas. Una de estas, zarzuelita en un acto titulada *El Obsequio,* fué premiada con medalla de bronce en la exposición que celebró esta provincia en 1876.

DÁVILA (D. MARCELO).—Durante la gloriosa epopeya de la guerra de la Independencia, fué uno de los hijos de esta provincia que peleó valerosamente á las órdenes del célebre *Empecinado* como uno de sus capitanes.

Al comienzo de la guerra se hallaba de capitán de provinciales de Sigüenza, gozando de mucho prestigio en la comarca por sus grandes condiciones personales. El gobierno central, sabedor de esto, mandó que se uniese á D. Juan Martin para contribuir al levantamiento de la provincia de Guadalajara.

Merced á sus gestiones consiguió en 1812 una autorización para que el citado D. Juan Martin aumentase su fuerza hasta 8.000 infantes, 1.000 caballos y 10 piezas de artillería, parte de un vasto plan que había ideado y que sufrió grandes entorpecimientos por causa de D. Andrés Estéban, vocal influyente en la Junta de esta provincia.

Fué nombrado Teniente coronel y le ofrecieron una Comandancia para trabajar en la organización de nuevos cuerpos.

Entusiasmaba á los soldados é invertía sus caudales en proporcionarles zapatos, camisas y otras prendas. Tuvo el mando del batallón *Cazadores de Cuenca.*

Nació en Valdenoches.

Aprovechamos la circunstancia de haber citado la guerra de la Independencia en nuestra provincia para escribir los nombres de otros caudillos de ella, siquiera no sean todos caracenses, y alguno, como Albuin, no observara una conducta muy correcta como soldado después de terminada tan gloriosa campaña.

D. Juan Martin, el *Empecinado.*

D. José Mondedeu (*Nomdedeu* se firman hoy algunos de sus descendientes.)

D. Vicente Sardina.

D. Saturnino Albuin.

D. Hipólito Angulo.

D. Juan Cajal.

D. Gerónimo Luzón.

Señores que pertenecieron á la Junta de Armamento y defensa.

D. Juan Arias de Saavedra.
D. José Lopez Juana Pinilla.
D. Baltasar Carrillo Lozano Manrique.
D. Rafael de Cuellar y Artacho.
D. Manuel de la Cerda.
D. Andrés Estébaŋ.
Y otros que no recordamos.

ÉSPÍN Y GUILLÉN (D. JOAQUÍN).—Era natural del obispado de Sigüenza, no sabemos con certeza si de algun pueblo de esta provincia.

Por espacio de 8 ó 10 años desempeñó la plaza de Maestro de coros del teatro Real y fué 2.º organista de la Real capilla: Maestro de solfeo del Conservatorio y autor de obras musicales de indisputable mérito, entre ellas algunas óperas.

FLORES LAGUNA (D. JOSÉ).—Este distinguido músico nació también en las Inviernas, como D. Gregorio Bueno, el día 3 de Mayo de 1817.

De niño fué tiple en la catedral de Sigüenza, en cuyo concepto obtuvo una plaza en el colegio de San Felipe Neri, y andando el tiempo llegó á ser primer contralto en la Real capilla de señoras Descalzas de Madrid, Director de la capilla Daroca y fundador del Centro lírico sacro-matritense. De su aprovechamiento y notabilidad, dan testimonio infinidad de certificaciones, oficios, diplomas y cartas laudatorias de artistas y hombres eminentes.

Sus obras musicales son las siguientes:
Curso musical teórico-práctico para uso de los orfeones.
Método de canto llano y figurado.
Cuadro sinóptico-histórico-musical.

Esta obra fué premiada en la Exposición de Madrid (1862), en la de Viena (1873), y por la Academia Nacional de París, con diploma, en 1878.
Repertorio clásico-musical.
Grupo de las llaves y trasporte de los tonos.
Estudio sobre lo mismo para instrumentos de teclado.
Encadenación general de los tonos.
Localidad fija de las siete notas de la escala.
Il brindis de La Traviata.
Para orfeones:

El quiriquí-qui-qui.
El cazador (traducción).
La caza de Asthobz (id.)
El canto de la mañana (id.)
Y otras inéditas.
Murió en Marzo de este año (1888).

GONZÁLEZ DELGRÁS (D. SANTIAGO).—Es otro de los músicos distinguidos con que cuenta la provincia en el numeroso catálogo de sus hijos ilustres. Fué profesor de trompa en la capilla de la Encarnación de Madrid y de los guardias de Corps, desempeñando con rara habilidad todos los papeles que le confiaban.

Nació en Guadalajara el día 25 de Agosto de 1780 y murió en Algete el día 20 de Setiembre de 1857.

GONZÁLEZ Y MEDEL (D. JUAN).—Nació en Romanones el día 27 de Diciembre de 1812. A los doce años de edad ingresó como colegial en el monasterio de San Bartolomé de Lupiana; estudió después filosofía en la Universidad de Oviedo, y á principios de 1830 tomó el hábito de religioso en el convento de carmelitas calzados de Madrid. Al verificarse la exclaustración de los frailes, se hallaba en Toledo continuando sus estudios, y ya fuera del convento los completó hasta recibir los grados de Bachiller y Licenciado en Teología, y más tarde (en 1847) se doctoró en la Universidad de Madrid.

En el púlpito, en la cátedra, en el libro y en el periódico dió el Sr. González grandes pruebas de su talento. Escribió innumerables artículos en muchas publicaciones religiosas, políticas y literarias, ya como redactor, ya como colaborador. Publicó en 1851 una obra titulada *El Papa en todos los tiempos y especialmente en el siglo XIX*, que fué traducida al francés y al italiano; en 1870 *El Catecismo de la Virgen*, que tradujeron al inglés los PP. carmelitas, y en 1877, estando en su pueblo natal, el folleto *El porvenir de los pueblos católicos*, del que se hizo una edición en Francia; pero su obra más notable es la colección de sermones que lleva por título *El Catolicismo y la sociedad defendidos desde el púlpito*, que consta de diez tomos voluminosos, y de la cual se han hecho tres ediciones (1). Tomó parte muy activa en la publicación de la *Colección de autores clásicos españoles*, y

---

(1) En 1885 ha publicado el Sr. D. Ildefonso Medel, presbítero, una *Colección de sermones inéditos* de D. Juan González y Medel. (Un tomo en 4.° de 528 páginas.— Toledo: imprenta de J. de Lara).

tradujo al castellano algunos libros de Aimé, P. Scheffmacher y otros autores.

Fué catedrático de Teología dogmática y de disciplina del Concilio de Trento, en el Seminario conciliar de Valladolid.

Rehusó los elevados destinos que se le ofrecieron, pero acató la voluntad del Papa al nombrarle (1853) dignidad de Chantre de la Catedral de Valladolid, prebenda que acababa de ser reservada al Pontífice por el Concordato. También fué nombrado predicador de la Real Casa.

Su caridad era muy grande, por lo cual murió pobre, el día 22 de Diciembre de 1883.

HERNÁNDEZ (D. JUSTO).—Nació en Brihuega y fué Diputado y Senador por esta provincia en varias legislaturas.

Agricultor y ganadero, demostró que seguía con atención los progresos que con estas cosas se relacionaban, y en este sentido escribió un tratado que se refiere principalmente á las lanas.

ISIDRO (D. NICOLÁS DE).—Es figura de relieve en la guerra de la Independencia en nuestra provincia, y á quien se puede aplicar mucho de cuanto hemos dicho acerca de D. Marcelo Dávila.

Parécenos que fué el más afortunado de cuantos tomaron parte en la contienda, en cuanto atañe á la milicia, pues habiendo desempeñado altos cargos en ella, murió de Teniente general.

Nació en Usanos. Un hermano suyo llamado Jorge, desempeñó el cargo de Capellán mayor castrense en la provincia, mientras duró la guerra mencionada.

D. Nicolás también fué escritor. Suyo es el siguiente folleto: *Memoria biográfica de los méritos y servicios contraidos por el Mariscal de Campo D. Nicolás Ezequiel de Isidro García de la Plazuela, desde su primer mando de provincia que obtuvo en Agosto de 1825, hasta su destitucion del cargo de Gobernador militar de la plaza de Madrid, á consecuencia de los sucesos ocurridos en ella en el Palacio de las Córtes y sus inmediaciones, en los días 23 y 24 de Febrero de 1840.*—Madrid, 1840.

JUANA (D. PEDRO).—Pocos datos podemos aportar con respecto á este hijo de Molina que, como algunos otros de los biografiados hasta aquí, no se halla comprendido en los documentos que principalmente hemos consultado para la confección de estos apuntes.

Cúlpese á su excesiva modestia, á su desprecio de las cosas exteriores, á su apego al terruño, como se dice, y sobre todo á su profundo amor filial sino es más conocido, que condiciones tenía para haberse elevado sobre el común de las gentes.

Fué condiscípulo de Martinez Izquierdo, y con él pasó á Madrid en 1856 cuando prohibieron la enseñanza de la Filosofía en los seminarios. Túvosele por de clarísima inteligencia y añádese que tenía una basta instrucción. Estrecha y cariñosa amistad le unía á nuestro gran tribuno D. Emilio Castelar que supo hacer el debido aprecio de los méritos de aquel, proponiéndole para el obispado de Salamanca, que fué, por no aceptar tan grave cargo, el desempeñado por nuestro ínclito Martinez Izquierdo, ya biografiado.

Hay quien asegura que Castelar departió con D. Pedro Juana consultando con este sobre diversos asuntos de Estado.

LÓPEZ PELEGRÍN (D. JOSÉ RAMÓN).—Nació en Cobeta, y por los cargos político-administrativos que desempeñó y que sucesivamente enumeramos, puede deducirse la importancia de este distinguido hijo de la provincia. Fué Corregidor por S. M. de Santo Domingo de la Calzada y de Lorca; Jefe político de las ciudades de Salamanca y Valencia; Auditor general de los Ejércitos reunidos á las órdenes del Duque de la Victoria, y más tarde, en 1841, fuélo también del Ejército del Norte á las órdenes del Marqués de Rodil; Magistrado de Pamplona, Diputado provincial y Presidente de la Audiencia de esta última ciudad, donde falleció.

Abolida la ley sálica, en cuyo suceso fué influencia decisiva su tío D. Ramón, biografiado en otra parte de esta Colección, y muerto Fernando VII, todos nuestros lectores saben que los españoles se dividieron en dos grandes partidos que si al principio les separó la cuestión dinástica, (pues mientras unos se decidieron por Cárlos V, los otros se decidieron por la pequeña Isabel), luego esta división fué ahondada considerablemente por la guerra civil que sobrevino en que cada bando quiso hacer prevalecer sus derechos. Dados los antecedentes de familia, parece natural que nuestro biografiado fuese isabelino, y lo fué en efecto, y se batió con los carlistas como miliciano nacional que era, y sufrió también persecuciones en su familia hasta el punto de ser llevada presa su esposa al castillo de Beteta y tener que dar una fuerte suma para rescatarla. ¡Sucesos como estos son tristes consecuencias de esas guerras fratricidas impropiamente llamadas civiles!

LUCIO Y ROJO (D. TOMÁS DE).—Natural de Brihuega. Fué cura propio de la parroquia de Santa María de Guadalajara, y profesor de Religión y Moral en su Escuela Normal de Maestros é Instituto de 2.ª enseñanza, y más tarde canónigo de Toledo, rector de su Seminario Conciliar y profesor de Sagrada Teología. Fué además autor de las siguientes obras:

Historia Sagrada tomadas de las divinas letras. De esta obra se hicieron dos ediciones: una en Guadalajara, dos tomos en 4.°, imprenta de Ruiz y sobrinos, y otra en Toledo, en 4.° también, con XV y 319 páginas, en 1868.

Instituciones dogmático-teológicas sobre los Sacramentos, acomodadas á la juventud estudiosa, para uso de los seminarios, en Toledo, 1875.

MOLINA (D. JORGE).—Nació en Guadalajara el día 23 de Abril de 1825.

Fué Brigadier del Ejército, pero procedía del cuerpo de Ingenieros, donde había llegado á la categoría de Coronel, y prestado excelentes servicios, y donde se distinguió notablemente. Asistió á las guerras civiles cantonal y carlista, en la última de las que recibió una herida que fué causa de su muerte.

La revista *Memorial de Ingenieros del Ejército* contiene algunos trabajos de tan inteligente como bravo militar.

MORÓN Y PASTOR (FR. MARIANO).—Humilde religioso. franciscano, natural de Brihuega y bautizado en la parroquia de San Miguel Arcángel, según el Sr. Sepúlveda. Fué misionero en Tierra-Santa por espacio de 15 años, donde murió á los 40 de edad en la ciudad de Alepo (Siria) el día 1.° de Febrero de 1881, después de ejercer su ministerio apostólico en varios puntos de aquel lejano territorio.

PERALTA (D. ALFONSO).—Es hijo ilustre de Pastrana donde nació en 23 de Enero de 1804. Fué Diputado provincial, y á Córtes en tres legislaturas, Caballero de Carlos III, abogado del ilustre Colegio de Madrid y agente fiscal togado del Supremo Tribunal de Guerra.

PÉREZ CUENCA (D. MARIANO.)—Quien nos ha proporcionado algunos datos para la confección de estas biografías, bien merece que le dediquemos, siquier sea pequeño, un lugar en nuestra Colección.

D. Mariano Pérez nació en Pastrana, en el primer tercio de

este siglo, porque siendo prebendado de la iglesia Colegial de Pastrana y habiéndose suprimido esta en 1852, es de suponer que por esta fecha tuviera lo menos de 25 á 30 años. En uno de sus libros se lee: «........estuvo su iglesia cerrada algún tiempo, hasta que *pudimos conseguir* una Real orden para su apertura, fechada en 10 de Julio de 1838,» con que esto viene más en apoyo de la opinión que sustentamos acerca de la época de su nacimiento.

Escribió *Historia de Pastrana y sucinta noticia de los pueblos de su partido* y *Datos para la reseña histórica y estadística de los santuarios de la Virgen en España,* en cuyo opúsculo están todos los comprendidos en los partidos judiciales de Sacedón y Pastrana. Escribió además otra obrita que no recordamos. La Historia mereció imprimirse dos veces. La segunda edición lleva la fecha de 1871.

Como escritor fué premiado con medalla de plata en la exposición que celebró esta provincia en 1876.

ROMO (D. JUDAS.)—En aquella titánica lucha que se conoce en la historia de España con el nombre de *guerra de la Independencia,* peleó con valor en defensa de su patria el Coronel de milicias provinciales D. José Romo, vecino de Cañizar, hasta que, cayendo en poder de los soldados de Napoleón, éstos le llevaron á Francia, donde estuvo algún tiempo prisionero.

Sus hijos D. Lorenzo y D. Francisco, imitando el ejemplo del autor de sus días, tomaron también una parte muy activa en la pertinaz y sangrienta guerra que debía, por último, abatir el orgullo del vencedor en cien batallas.

El tercer hijo de D. José, fué el ilustre prelado de quien vamos á dar algunas noticias biográficas. Nació D. Judas Romo en Cañizar, en cuyo pueblo permaneció hasta que, llegada la edad de elegir una profesión, abrazó la carrera eclesiástica, en la cual dió muestras de su privilegiada inteligencia.

Fué canónigo en la Catedral de Sigüenza, y allí, como en todas partes, practicó la caridad distribuyendo cuantiosas limosnas.

Nombrado Obispo de Canarias el año de 1834, desempeñó este cargo durante 14 años, al cabo de los cuales regresó á su pueblo natal, teniendo necesidad de pedir 10.000 rs. prestados para efectuar el viaje; prueba evidente de que su desinterés y liberalidad le impedían guardar la más pequeña parte de su cuantiosa consignación.

Ya en el país que le vió nacer, se dedicó á administrar el sa-

cramento de la confirmación (1) recorriendo también las poblaciones inmediatas, entre ellas Guadalajara, alojándose aquí en
la casa de la Sra. Condesa de la Vega del Pozo.

Coincidió la llegada del Obispo Romo á Cañizar con la ele-
vación de Pío IX. al pontificado, y aquél dirigió al nuevo Papa
una notable felicitación en latín, en cuyo difícil idioma era
muy versado.

Vacante el Arzobispado de Sevilla, fué nombrado para ocu-
parle el Obispo de Cádiz; pero este anciano prelado renunció
tal distinción y designó, recomendándole eficazmente, á D. Judas Romo, como la persona que por su talento y virtudes estaba llamada á desempeñar tan elevado cargo.

Túvose en cuenta esta recomendación, y se dió el Arzobispado al ilustrado hijo de Cañizar, que murió en su diócesis el año
de 1855, rodeado del cariño y el respeto de todos cuantos le habían conocido en su vida y en sus obras.

Fundó en su pueblo una escuela á la que concurrían los niños hasta la edad de 14 años, repartiendo frecuentemente premios á los alumnos más aplicados; dejó algunas becas y pensio-
nes, prodigando beneficios no solamente en Cañizar sino en
Guadalajara y otros pueblos.

Fué muy docto en todas materias y escribió varios libros
notables. Dedicó preferente atención á los estudios gramaticales é ideó un sistema ortográfico de gran sencillez. (2)

En la capilla del Santo Cristo de la Fé, en la iglesia de Cañizar, se halla colocado el retrato del virtuoso Cardenal D. Judas Romo, cuyo recuerdo se conserva indeleble en aquel pueblo,
una de cuyas calles se llama *del Arzobispo*, en memoria de nuestro insigne biografiado.

SARDINA (D. MANUEL).—Fué bajonista en la capilla de la catedral de Segovia, y tanta fama y reputación llegó á adquirir
que por Real orden de S. M. pasó á su capilla, cuya plaza juró
en Aranjuez el 17 de Marzo de 1799. Ya jubilado, murió en Sigüenza, de donde era natural, el 16 de Setiembre de 1847.

TEJADA RAMIRO (D. JUAN).—Este hombre ilustre, que honra

(1) El primero á quien confirmó el Obispo Romo, fué á D. Benito Hernando y Espinosa, actual profesor de Terapéutica en la Universidad de Madrid, nacido también
en Cañizar.
(2) En la *Gramática francesa* (método Ollendorff), impresa en Cádiz en 1856, adopta
el autor D. Eduardo Benot para la parte española de su obra la acentuación propuesta
por el Sr. Romo, cuya explicación inserta en la página VII, y manifiesta que deben
decidirse á seguir su ejemplo cuantos se interesen por los progresos y adelantos de la
literatura nacional.

á Pastrana, donde nació el dia 11 de Octubre de 1811, fué individuo de la Real Academia de la Historia y de las de Buenas Letras de Sevilla y Barcelona, y Comendador de la Real y distinguida orden de Carlos III.

Escribió *Concilios españoles,* donde recogió y coleccionó todos los celebrados en España, traduciéndolos y exponiendo sus cánones.

Por esta obra le escribió Pío IX una carta, que lleva la fecha de 27 de Febrero de 1858, felicitándole grandemente.

Fué autor además de otras obras filosóficas y canónicas de que no damos conocimiento por falta de noticias.

APÉNDICE.

FERNÁNDEZ IPARRAGUIRRE (D. FRANCISCO)

Hondo pesar nos abruma: nunca supusimos que quien fué Juéz de esta colección de biografías cuando hubimos de presentarla al certamen correspondiente, ocuparía un lugar en ella; ni pudimos presumir que desapareciera tan pronto de la haz de la Tierra —á los 37 años—quien fué alma del Ateneo Caracense y Centro Volapükista Español durante los últimos tiempos de su existensia, aquel cuyo talento organizador, activo y metódico hasta en los menores detalles, todos admirábamos.

Falta imperdonable, relegación injusta, desagradecimiento incomprensible, olvido incalificable hubiera sido en nosotros no darle un lugar en nuestra Colección, porque aparte toda consideración amistosa procedente de la mancomunidad de ideas dentro del Ateneo, sociedad por igual querida de todos, sus méritos fueron más que suficientes para obligarnos á hacerlo.

Lo que sentimos es tener que limitarnos á un esbozo biográfico, que aún hecho en los mejores momentos de inspiración, no correspondería nunca á la grandeza de la persona biografiada.

Pero valgan nuestros buenos deseos en sustitución de la pequeñez de nuestra inteligencia, y adelante, que la memoria bendita del finado, que era indulgente y sabía apreciar las cosas en cuanto valían y significaban, hará lo demás.

Nació el Sr. Fernández Iparraguirre en esta ilustre ciudad el día 22 de Enero de 1852, en la plaza de Santo Domingo, y fué bautizado en la antigua iglesia de los dominicos (San Ginés), monumento religioso sin terminar debido á la piadosa munificencia del célebre arzobispo Carranza.

A los diez años ingresó en el Instituto de 2.ª enseñanza; á los 16 era bachiller. Las notas obtenidas fueron estas: un bueno cuatro de notablemente aprovechado, diez sobresaliente y siete premios obtenidos mediante oposición.

Digno comienzo, magnífica muestra de un talento privilegia-
do desaparecido cuando empezaba á recoger los frutos de su laboriosidad.

A los 18 años era Licenciado en Farmacia, luego Doctor, y
más tarde Profesor Normal de primera enseñanza, de sordos-mu-
dos y ciegos, y por fin catedrático de francés, por oposición,
habiendo obtenido el número 1 entre 120 opositores, y siendo
propuesto por unanimidad para la cátedra del Instituto de Guadalajara que ya venía desempeñando desde el mes de Noviembre
de 1880.

Lo enunciado, sin descender á detalles, justifica plenamente
la fama de laborioso de que en vida gozaba.

Exigencia inconcenbible sería desear más. No obstante, más
vamos á decir. Gloria de la provincia, y especialmente de la capital, será el Sr. Fernández Iparraguirre. Su nombre deberá co-
locarse entre las ilustraciones de todos los géneros que aquí
vieron la luz por primera vez.

El, á semejanza de los hermanos Sepúlveda, se ocupó de la
flora, si no de toda la provincia, de esta localidad, y su «Colección de plantas expontáneas en los alrededores de Guadalajara», presentada en forma de herbario, trabajo de estudio y de
paciencia, fué premiada con medalla de bronce en la exposición
provincial de Guadalajara celebrada en 1876; á él debe la botánica una nueva variedad de zarzas, llamada *Fernandezii*, del
nombre de su autor, y denominada vulgarmente zarza milagrosa, de cuya especie hay ejemplares en el convento de fran-
ciscanos de Pastrana. El Sr. Fernández Iparraguirre la estudió
y la clasificó, y el Doctor Texidor, profesor de la facultad de
Farmacia en Barcelona, en vista de tales antecedentes, no dudó
en bautizarla de la manera antedicha.

Representó á sus espensas á la clase farmacéutica española
en el sexto Congreso internacional farmacéutico celebrado en
Bruselas en 1885, del que fué nombrado vicepresidente, presentando á su vuelta una reseña que hizo imprimir el Colegio de
Farmacéuticos de Madrid juntamente con la memoria escrita
en francés, y traducida luego, que presentó al mencionado congreso, y que se publicó en el «Compte rendu» del mismo, cuyo
título es: *Causas y remedios del menosprecio con que se mira en todas partes á la clase farmacéutica.* Por el acierto con que desempeñó su cargo, le expidió aquella corporación el título de socio
corresponsal libre de gastos.

No obstante lo dicho, que coloca á nuestro paisano en un
puesto eminente dentro de la clase farmacéutica española, ya

entre los antiguos como Antonio Aguilera y Gerónimo de la
Fuente Piérola, caracenses también, ya entre los modernos, muchos de los cuales tendrían bastante con una pequeñísima parte
de esa gloria, no obstante lo dicho, repetimos, Fernández Iparraguirre no estaba sin duda completamente conforme con su
profesión (1) y su inteligencia encontró nuevos derroteros que
seguir y por ellos empezó á caminar con entusiasmo.

Así le vemos dedicarse con ardor y perseverancia á los estudios gramaticales, cual un Nebrija, y empezar á dar á la estampa sus producciones.

¿Qué mucho que le comparemos con nuestros otros paisanos
Diego de la Plaza, gramático, Melchor de la Cerda, grande y
renombrado escritor retórico, y que al lado del *Nebrija redivivo*
de Berdoy, coloquemos también, con ventaja, las variadas producciones de nuestro biografiado?

Partos de la inteligencia de éste, frutos de sus estudios y
desvelos son:

*Concepto general del verbo y explicación racional del mecanismo
de su conjugación,* con noticias sobre las formas de esta en más
de veinte idiomas.—1883.

Conjugación en las seis lenguas novolatinas.—1885.

Cuadro mecánico de la conjugación de estas lenguas, aparato inventado y construido por el autor.

Y en colaboración con el Sr. Escriche *Nociones de gramática
general aplicadas especialmente á la Lengua castellana.*

*Cuadros sinópticos para practicar metódicamente por escrito, en
cualquier idioma, la clasificación de palabras que suele llamarse
análisis gramatical.*

*Cuadros sinópticos para descomponer, en idéntica forma, las proposiciones en sus elementos, formando parte de lo que generalmente
se denomina análisis lógico.*

Método racional de lengua francesa (dos volúmenes).

Debiendo advertir que algunas de estas obras fueron premiadas con Diploma de mérito en la Exposición Literario-Artística, todas ellas favorablemente juzgadas por la prensa y últimamente la Academia de la Lengua lo ha hecho de la Gramática general y del Método racional de Lengua francesa.

Al regresar de Bruselas el Sr. Fernández Iparraguirre, se
detuvo en París, y allí conoció á Mr. Kerckhoffs, quien le dió
noticias de la lengua universal (volapük) inventa por Schleyer.

_____

(1) Aquellos de nuestros lectores que hayan visto la memoria presentada por el señor Fernández Iparraguirre en el Congreso farmacéutico hallarán justificada esta
creencia.

Encantado nuestro biografiado por la sencillez y facilidad del nuevo idioma, y comprendiendo con su claro talento cuán conveniente sería su estudio y propaganda para facilitar la comunicación del pensamiento entre indivíduos de distintos paises y para dar un paso más en el camino de la fraternidad universal, se dedicó con fé y perseverancia á difundirle en España. Al efecto publicó una *Gramática de Volapük* y un *Diccionario volapük-español*, y á esta primera hubiera seguido la segunda, que tenía en preparación, si la muerte no le hubiera arrebatado de entre nosotros. Al mismo tiempo publicaba una revista internacional titulada *Volapük*, que se unió á la del Ateneo Caracense al fusionarse esta sociedad en el Centro Volapükista. (1)

Por sus trabajos en la propagación de dicha lengua, fué nombrado *Plofed é kademal balid in Spän*, es decir, primer profesor y primer académico español, figurando también como primer sócio honorario de la Asociación francesa, y de las de Munich, Nurnberg, Vercelli y otras muchas sociedades.

¡Oh Fernández Iparraguirre, apostol convencido, propagandista incansable é insustituible del idioma de Schleyer, arco toral del Centro Volapükista Español, ya que no de la iglesia volapükista española, permite que dos de tus discípulos dediquen un cariñoso recuerdo á tu memoria!

Como literato y filósofo bastarían para acreditarle el *Juicio crítico de El Mágico prodigioso*, premiado en un certámen, y *Discurso sobre las pretendidas divisiones de la naturaleza y de la ciencia*, además de la descripción de su viaje á Bruselas, ya mencionada.

Como periodista le dá á conocer la revista *Volapük*, empezada á publicar en Madrid en 1885, y muchós artículos insertos en variadas publicaciones, que prueban su prodigiosa actividad.

Era sócio honorario del Ateneo de la Habana y del Círculo Filológico Matritense y pertenecía, como indivíduo de número, á la Asociación de Escritores y Artistas de Madrid, á la Asociación Fonética de Profesores de Lenguas vivas de Paris y á otras sociedades.

El, en unión de D. José Julio de la Fuente, D. Román Atienza, D. Miguel Mayoral y otros señores que no recordamos, inició y fundó el antiguo Ateneo Científico, Literario y Artístico de Guadalajara, cuya revista prueba hasta qué punto tomó participación activa en las tareas de aquella Sociedad, en la

---

(1) Esta revista y los dos libros citados se publicaron á expensas de D. Francisco Calvo y Garrido, natural de Taracena, celoso y desinteresado propagandista del volapük.

que desempeñó los cargos de tesorero, bibliotecario, secretario de varias secciones, secretario general y profesor.

Una de las asignaturas que en dicho centro enseñó, fué la de Taquigrafía española, que conocía perfectamente.

Fué socio honorario del Ateneo Caracense hasta 1886 que pasó á serlo de número, y en el mismo año fundó con el señor Ugarte el Centro Volapükista Español dentro del Ateneo, constituyendo desde entonces ambas sociedades una sola, de la cual se le nombró presidente general, y en ella tuvo la dirección de las enseñanzas populares y explicó un curso de volapük y otro de lengua francesa, sin contar otros detalles, pues su actividad, nunca bastante ponderada, su talento organizador que le permitía dar inmediata forma á las ideas, es conocido de todos aquellos que tuvimos la fortuna de tratarle de cerca.

Aun está muy reciente su muerte, y á muchos parecerán exajeraciones lo que á nosotros nos parece naturalmente poco en el sentido de las alabanzas; y como seríamos interminables renunciamos á seguir narrando.

Sonará el Dr. Iparraguirre en los fastos de Guadalajara, siempre que de la ciencia se hable. No se perpetuará su memoria mediante el mármol ó el bronce en forma de estátua urbanizando las plazas de esta ciudad, alguna de cuyas calles podía llevar su nombre, pero basta el invento de Gutemberg para que de ella tengan conocimiento las generaciones venideras.

El 17 de Mayo celebró el *Ateneo Caracense y Centro Volapükista Español* una velada en honor de nuestro querido biografiado.

Ante numerosa concurrencia que acudió á rendir un tributo de simpatía al finado, se dió lectura á una carta de la señora viuda D.ª Carmen Fritschi, en que daba las gracias á la Sociedad por los cariñosos recuerdos que dedicaba á su difunto esposo; después á otra de nuestro querido consocio Sr. Rentería, en la que demostraba su sentimiento por la pérdida de tan preclaro hijo de Guadalajara. Hizo la biografía del finado D. Domingo Brís, leyó un discurso apologético D. Roman Atienza y pronunciaron discursos necrológicos D. Nicolás de Ugarte y D. Manuel Sanz y Benito. Dos composiciones poéticas alusivas al Sr. Fernández Iparraguirre leyeron respectivamente los Sres. D. Francisco del Rio y D. Alfonso Martín.

De buen grado insertaríamos estos trabajos; (1) pero con el

---

(1) Aquellos de nuestros lectores que tengan curiosidad por conocerlos, lean el número correspondiente á Junio de la *Revista del Ateneo Catacense y Centro Volapükista Español*, donde se insertan íntegros, así como otras noticias referentes á nuestro biografiado.

presente pliego termina nuestro libro, y no nos queda espacio más que para las siguientes quintillas de nuestro paisano y amigo Sr. Martín, que dicen así:

¡Qué pronto nos ha dejado!
Siete meses se ha llevado
convertido en cuerpo inerte,
y á su aguantar, solo ha hallado
por recompensa la muerte.

Se dice que es un tributo
que paga la humanidad:
¡caro tributo en verdad
que á unos les llena de luto
y á otros deja en la orfandad!

La ciencia nada ha podido;
en la brecha noche y día,
solamente ha conseguido
el prolongar la agonía
de un discípulo querido.

Ya demostró desde niño
que lo era, y no os asombre;
y cuando el niño se hizo hombre,
á ella entregó su cariño
y á las letras un buen nombre.

Que allá en sus años primeros
era la norma y la egida
de todos sus compañeros,
y al abandonar la vida
modelo de caballeros.

Si pequeño, agigantado
por su proceder discreto,
por su honradez y su agrado;
cuantos le hubieron tratado
le querían con respeto.

¿Por qué? por la admiración
de su claro entendimiento,
de su innegable talento
y su hermoso corazón,
que era todo sentimiento.

Hijo fiel, esposo ufano,
tan buen padre como hermano,
por el bien se desvelaba,
y en sus acciones, mostraba
las virtudes del cristiano.

En la cátedra, en su hogar
difundiendo la enseñanza,
que es el rudo batallar,
la lucha sin esperanza,
nadie le vió vacilar.

Y se comprende, señores:
tan sabio como modesto,
á sufrir los sinsabores
se halló siempre tan dispuesto
como á otorgar sus favores.

Trabajador laborioso,
lo que no sabe, lo inventa;
jamás se le mira ocioso,
así decía él gozoso:
«mi mejor taller la imprenta.»

¡Qué misterios tan profundos!
Son los goces terrenales
si bien se miran, segundos,
para algunos muy fecundos,
para los más ¡qué fatales!

Así para él han sido,
y para aquí, que ha perdido
este Centro y su Revista,
el mejor propagandista
y su socio más querido.

Termino sin decir nada
del que ustedes van á honrar
con esta triste velada,
porque mi musa es callada
tratándose de llorar.

Dispénseme el Ateneo
no cumpla con su deseo,
y con el alma lo siento:
para honrar aquel talento
me considero un pigmeo.

Su nombre, lleno de gloria,
se conservará en la historia
de esta ilustre población,
y siempre, en mi corazón,
un recuerdo á su memoria.

ÍNDICE CRONOLÓGICO

Y SEGÚN EL PLAN DE ESTE TRABAJO.

Págns

ÍNDICE ALFABÉTICO DE BIOGRAFIADOS.

— 168 —